Tillmann Prüfer

KRIEGT DAS PAPA, ODER KANN DAS WEG?

Ein Vater und vier Töchter

Kindler

Originalausgabe
Veröffentlicht im Rowohlt Verlag, Hamburg, Dezember 2019
Copyright © 2019 by Rowohlt Verlag GmbH, Hamburg
Covergestaltung any.way, Barbara Hanke / Cordula Schmidt
Coverillustration Fabio Consoli / kombinatrotweiss
Satz aus der Dolly Pro, InDesign,
bei Pinkuin Satz und Datentechnik, Berlin
Druck und Bindung GGP Media GmbH, Pößneck, Germany
ISBN 978-3-463-40719-7

Für Ileana

EIN GANZ NORMALER MORGEN

Ich hatte gerade geträumt, dass mir jemand gegen den Kopf tritt, als ich aufwachte und feststellte, dass mir jemand gegen den Kopf trat. Kein brutaler Tritt und kein mutwilliger, aber doch einer, der mich zuverlässig weckte. Ich lag in meinen Kissen und schaute direkt in die rechte Fußsohle meiner fünfjährigen Tochter. Juli lag quer über meiner Frau und mir und schlief unruhig. Anscheinend träumte sie etwas sehr Lebhaftes, vielleicht von einer Hüpfburg. Ich zog meinen Kopf schnell weg, bevor Juli zum nächsten Sprung ansetzen konnte. Es gibt ja so Kung-Fu-Filme, wo ein Kämpfer dem anderen mit voller Wucht ins Gesicht tritt, und das Opfer steckt das einfach so lächelnd weg, als ob nichts Besonderes geschehen wäre. Das sind Väter mit kleinen Töchtern, glaube ich.

Ich wälzte mich aus meinem Bett heraus, denn nun wartete die schwerste Aufgabe des Morgens auf mich: Lotta zu wecken, meine 14-Jährige. Ich ging in ihr Zimmer. Es ähnelt einer Höhle, in der Bären Winterschlaf halten: auf dem Fußboden verstreute Klamotten, auf dem Schreibtisch dreckiges Geschirr und Silberpapier von angebrochenen Schokoladentafeln. Dazu ein ohrenbetäubendes Sägen wie aus der Unterwelt. Die Beschwörungsformel, um dieses unter einem Berg von Kissen und Decken hausende Wesen zu wecken, ist, dreimal laut ihren Namen zu rufen und dann an dem weichen Berg zu rütteln: «Lotta!», rüttel, rüttel, «Lotta!», rüttel, rüttel, «Lotta!», rüttel, rüttel.

Nach einer Weile erschien ein Wust aus Haaren, in dessen Mitte sich langsam, ganz langsam ein Auge öffnete wie das einer sehr alten, sehr weisen Schildkröte. Lotta brauchte eine Weile, um sich zu erinnern, wer ich war. Dann, als ich davon ausgehen konnte, dass sie einigermaßen orientiert war, konnte ich dem Orakel die alles entscheidende Frage stellen: «Guten Morgen, bist du wach?» Das Orakel nickte.

So also konnte ich ein Zimmer weiter schreiten zu Greta, meiner 12-Jährigen. Die galt es allerdings nicht zu wecken, höchstens vielleicht konnte man ihr signalisieren, dass man selbst schon wach war. Im Zimmer dudelte ein Song von Miley Cyrus, dazu räkelte sich Greta, ihre blonden Haare zu einem Pferdeschwanz gebunden, auf ihrer gelben Schaumstoffmatratze. Sie war dabei, einen Workout zu absolvieren. Gerade übte sie Beinscheren und bedeutete ihrem Vater, dass seine Anwesenheit dabei ganz und gar unnötig sei.

Nun blieb mir nur noch, die Nutella-Brote zu schmieren. So, wie Generationen von Müttern und Vätern es vor mir getan hatten. Ich habe gehört, dass Nutella wegen schlechter Haselnussernten unter Lieferengpässen leidet. Sollte die Nutella-Versorgung einmal zusammenbrechen, prophezeie ich das Ende der Zivilisation.

Meiner ältesten Tochter Luna, sie ist schon 19, schickte ich eine Guten-Morgen-WhatsApp mit einem peinlichen Kaffeetassen-Emoji (sie mag gar keinen Kaffee). Das ist das einzig Angenehme daran, wenn Kinder ausziehen, dachte ich: Man ist nicht mehr dafür zuständig, sie morgens aus dem Bett zu holen.

Ich putzte mir die Zähne, dann blinzelte ich aus dem Fenster in den beginnenden, noch kalten Tag. Gerade hob die Sonne das erste Licht über den Horizont. Das war der gemütliche Teil des Morgens gewesen. Als Nächstes galt es, vor die Kinderzimmer zu treten, tief Luft zu holen und zu brüllen: «Lotta, Greta, he! Ihr kommt zu spät zur Schule!»

Gesagt, getan. Sogleich sprangen die Türen der Kinderzimmer auf, zwei Raubkatzen schossen fauchend heraus, schlangen die Nutella-Brote hinunter, versuchten fluchend auf dem Weg ins Bad, einander abzudrängen, riefen panisch nach dieser ganz bestimmten Hose, die sich nicht finden lasse, oder jenem T-Shirt, das doch längst gewaschen sein müsse, polterten durch alle Zimmer, weil sie die Schuhe suchten, die sie am Vorabend irgendwo hatten liegen lassen, jammerten, wo denn das Englischheft sei, das man ganz bestimmt gestern hier hingelegt habe, riefen alle Schimpfworte, die mit «Schei...» anfangen oder mit «...uck» enden, verwünschten einander, weil sie sich bei irgendwas im Weg standen – bevor sie mit einen satten Türenknall aus der Wohnung waren.

Unser Zuhause sah aus wie ein Campingplatz, durch den eine Windhose gerauscht war. Es war ein ganz normaler Morgen. Da stand Juli vor mir:

«Papa, ich hab ganz schlecht geschlafen!»

«Oh, das tut mir leid, warum denn?»

«Ich habe geträumt, ich müsste auf einem Wildpferd reiten.»

«Ich weiß», sagte ich. «Und ich war das Pferd!»

Da fiel mir ein: Heute war ja Kinderfasching in der Kita! Juli würde als Zirkuspferd gehen. «Zirkus» war nämlich als Motto der Feier ausgegeben worden, und da Juli grundsätzlich immer Pferd sein will, war klar, als was sie sich verkleiden würde. Das war mit meiner Tochter nicht zu verhandeln, wie eigentlich kaum etwas mit Juli zu verhandeln ist.

Ich hatte ihr vorgeschlagen, vielleicht als Akrobatin oder Magierin oder Clown zu gehen. Irgendetwas, wofür man eine normale, hübsche Verkleidung finden kann. Aber Zirkuspferd? Wie soll man jemanden als Pferd schminken? Wie konnte ich ihr Hufe machen? Warum ging sie nicht gleich als Kreuzfahrtschiff? Oder als ICE?

Aber meine Jüngste hatte mich nur mit diesem festen Blick angeschaut, eine senkrechte Falte zwischen den Brauen, den Kopf leicht zwischen die Schultern gezogen, und ihre blonden Löckchen kräuselten sich noch widerspenstiger als sonst. Sie hatte ihre Körperhaltung für höchste Verteidigungsbereitschaft eingenommen. Ich ahnte, dass ich schon verloren hatte, ich wollte es nur noch nicht wahrhaben.

Unser letztes Gespräch zu diesem Thema war eine Woche her gewesen:

«Du könntest auch ein prima Zirkuskaninchen sein.»

«Ich will ein Pferd sein!»

«Wie wäre es denn mit einen Zirkushund?»

«Ich will ein Pferd sein!»

«Ich weiß was Tolles!» (jetzt Augen aufreißen, als habe ich gerade einen Geistesblitz davongetragen): «Wir machen eine echte Seiltänzerin aus dir!»

«Ich! Will! Ein! Pferd! Sein!»

«Ach ...»

Juli ist die Kleinste, aber es gibt etwas, das sie besser kann als alle ihre Geschwister: wollen. Ich bin wirklich beeindruckt von ihren Woll-Fähigkeiten. Das Wollen ist bei ihr so stark ausgeprägt, dass ich mir gar nicht vorstellen kann, man könnte dieser Begabung noch etwas hinzufügen. Sie könnte praktisch vom Kindergarten die Schule überspringen und nur noch wollen.

Es gibt ja durchaus Professionen, bei denen das authentische Wollen gefragt ist. Wenn man etwa eine Präsidentschaftswahl gewinnen will, dann müssen einem die Wähler glauben, dass man das, was man vorgibt zu wollen, auch wirklich will, aus tiefstem Herzen. Nicht nur so, weil man glaubt, es wäre opportun.

Wäre meine Tochter gegen Donald Trump angetreten, hätte er keine Chance gehabt: Sie ist die viel kompromisslosere Wollerin. Sie hat eine Gabe, nicht den allerkleinsten Zweifel daran aufkommen zu lassen, dass sie nichts zwischen sich und ihren jeweiligen Wunsch kommen lassen wird. Allerdings würde Julis Wahlprogramm wahrscheinlich hauptsächlich beinhalten, dass alle Staatsgewalt von Huftieren ausgehen möge. Daran müsste man sich gewöhnen.

Also hatte ich kapituliert. Ein Pferdekostüm zu schneidern wäre vielleicht eine unmögliche Aufgabe gewesen, aber meine Tochter von diesem Kostüm abzubringen wäre noch unmöglicher gewesen – und vermutlich wesentlich unangenehmer. Ich bin da mittlerweile pragmatisch. Warum soll ich zwei Stunden nervenzehrende Diskussionen führen, wenn mein Gegenüber ohnehin gewinnt?

Das mag dem einen oder anderen wie eine Niederlage vorkommen, und man könnte einwenden, ich müsse mich als Vater bei so etwas durchsetzen. Denn wenn nicht jetzt, dann wann? Ja – wann? Ich kann mir aber gar nicht leisten, mich allzu oft durchzusetzen, das würde mich viel zu viel Kraft kosten. Es sind nämlich bei uns zu Hause vier Töchter, meine Ehefrau und ich. Die Mädchen sind immer in der Überzahl.

Es hatte sich übrigens als gar nicht so problematisch herausgestellt, dem Kind ein Pferdekostüm zu besorgen. Ich hatte eines für weniger als 30 Euro im Internet gefunden: einen Ganzkörperanzug mit Pferdekopf. Ich hatte ihn per Eilkurier bestellt. Dazu hatte ich noch weiße Straußenfedern als Kopfputz geordert. Und Greta hatte sogar ein Halfter aus rosa Band gebastelt.

Als ich Juli am Faschingsmorgen ihr neues Kostüm vorstellte, war sie leider skeptisch. «Papa, Pferde haben doch keine Federn!» Erst nachdem ich ihr im Netz eilig zusammengegoogelte Bilder («Zirkuspferd» + «Federn») von der Show des Zirkus Krone zeigte, ließ sie sich überzeugen, dass Zirkuspferde Büschel aus Straußenfedern auf dem Kopf tragen. Dann wollte ich ihr das Kostüm anziehen – die Erzieherinnen hatten darauf gedrungen, dass alle Kinder schon zu Hause verkleidet wurden, nicht erst in der Kita.

«Fahren wir mit dem Auto zur Kita?», fragte Juli.

«Nein, Mama ist nicht da, und nur Mama kann das Auto fahren», sagte ich.

«Das ist so doof, dass du NIE Auto fährst!» Ihr kamen ein paar Tränen, aber bei Juli kommen immer wieder mal Tränen, wenn sie es gerade so möchte. «Jetzt muss ich im Kostüm auf die Straße!»

«Ach was, das ist kein Problem! Ich nehm dich auf die Schultern und trag dich in die Kita.»

«Aber wenn die Leute mich sehen, lachen alle!»

«Quatsch, heute ist doch Fasching, heute sind alle verkleidet!»

Nur mit dieser Notlüge gelang es mir, meine Tochter dazu zu überreden, auf meinen Schultern aufzusatteln. Zur Kita gingen wir etwa eine Viertelstunde, das würde schon gutgehen. Wir verließen das Haus als Pferd, das einen Menschen ritt. Ein sinnfälliges Bild, meinte ich, während wir so durch die Straßen trotteten, der Faschingsfeier entgegen.

«Papa, die Leute hier draußen sind aber gar nicht verkleidet.»

«Doch, die sind alle verkleidet, guck mal, da hat sich einer als Radfahrer verkleidet.»

«Papa, das ist ein echter Radfahrer!»

«Woher willst du das wissen? Das ist einfach nur eine gute Verkleidung. Schau, da hat sich einer als Kind verkleidet.»

«Papa, das *ist* ein Kind.»

«Meinst du? Guck mal, der da hat sich als Hund verkleidet.»

«MANN, PAPA, DAS IST EIN HUND!»

«Bist du da sicher?»

Und während mein Lügengebäude langsam bröckelte, hoffte ich, dass wir noch rechtzeitig bei der Kita ankämen, bevor das Pferd auf meiner Schulter wirklich Zirkus machen würde.

MEINE VIER

Ich bin Vater von vier Töchtern, und ich habe die Sache nicht im Griff. Ich habe mir Vaterschaft mal so vorgestellt, wie sie auf dem Bild «Der Sonntagsspaziergang» von Carl Spitzweg dargestellt ist: Der Patriarch schreitet mit festen Schritten voran, durch eine Landschaft aus hohen Gräsern, seinen Hut hat er auf den Spazierstock gesteckt. Hinter ihm trottet seine Familie, die Mädchen mit lieblichen Sonnenschirmchen, alle vertrauend darauf, dass der Vater den richtigen Weg im Blick hat. Würde man das Bild mit meiner Familie darstellen, zeigte es die Eltern und vier Kinder, die in vier verschiedene Richtungen davonlaufen, der Vater hilflos hinter einer von ihnen herrennend, sein Hut weggeflogen.

Nicht dass ich falsch verstanden werde. Ich möchte mich keinesfalls beschweren. Ich wollte das nur gleich zu Anfang klarstellen. Denn wenigstens eine Sache im Leben würde ich gerne richtig gut können. Und weil ich vier Töchter habe, sind die Menschen geneigt zu glauben, dass ich mich besonders gut darauf verstehe, Mädchen zu erziehen und auf den rechten Weg zu bringen. Man traut mir sogar zu, ein Buch darüber zu schreiben.

Tatsächlich beschäftige ich mich seit bald zwanzig Jahren mit der Aufzucht von Töchtern. Aber immer wenn ich denke, ich habe etwas verstanden, wird mir doch nur klar, dass ich gar nichts verstanden habe.

Wenn man eine Familie mit vier Kindern hat, dann ist das statistisch gesehen mehr als das Doppelte der durchschnittlichen Kinderzahl in Deutschland. Für manche ist das schwer vorstellbar. Ich werde öfter mal gefragt, wie es denn so ist, vier Töchter zu haben. Ja, wie ist es?

Neben der Tatsache, dass man als Vater beim Essen die Reste von allen kriegt, ist es vor allem – laut. Sehr laut. Ein bisschen so, als wären da vier Wahnsinnige, die nichts anderes tun, als wahnsinnig zu sein. Oder als wäre man von vier Gouvernanten umgeben, die ständig an einem herumkritteln. Oder von vier potenziellen «The Voice»-Kandidaten, die pausenlos ihre Songs üben. Und alles immer gleichzeitig. Es gibt keinen schrillen Schrei, den ich nicht gehört, keine Popschnulze, die mich nicht bis in die letzten Winkel unserer Wohnung verfolgt, keine Träne, die ich nicht weggewischt hätte.

Vier Töchter zu haben ist etwa so wie an jenem ganz normalen Abend im Februar. Luna stand vor der Tür:

«Was fällt dir an mir auf?»

«Äh, hallo erst mal ...»

«Ja, hallo, aber sag doch, was fällt dir auf?»

«Äh, andere Haare?»

«Ach, Papa, ich hab doch schon seit Jahren die gleiche Frisur. Nein, guck doch mal, ich habe neue Sneaker an!»

Mein Blick wanderte zu ihren Füßen, da waren

tatsächlich schwarze Turnschuhe. Sie schimmerten leicht.

«Wow.»

(Das habe ich mir angewöhnt. Immer wenn ich etwas sehe, das ich nicht gleich verstehe, von dem ich aber annehme, dass es eine besondere Bewandtnis damit hat, sage ich «Wow».)

«Wie: wow?»

«Na, wow halt, schöne Schuhe.»

«He, das sind nicht nur schöne Schuhe, das sind ganz besondere Schuhe. Schau mal, die Oberseite ist schwarz, die Sohle ist schwarz, das ist superschlicht und superelegant, und dazu ist in der Sohle noch ein kleiner Absatz versteckt! Und vor allem: Ich habe sie von meinem ersten Gehalt gekauft.»

Luna hatte nämlich gerade einen Job an der Garderobe eines Konzertveranstalters angenommen.

«Ah, ja, das ist toll», sagte ich.

Lotta näherte sich von hinten: «Hey, coole Sneaker! Die sind neu, oder?» Und zu mir: «Papa, gib mir mal die Hand, ich will dir was zeigen.»

«Hä?» Ich streckte meiner 14-Jährigen die Hand entgegen. Plötzlich griff sie diese mit beiden Händen, drehte sich einmal um die eigene Achse und kurbelte mir den Arm hinter den Rücken. Ich stöhnte auf.

«Es funktioniert!», jubelte Lotta. «Cool, oder? Das hat mir meine Freundin gezeigt, die macht Aikido.»

«Ja, das ist ganz, ganz reizend, schöne Grüße an deine Freundin. Komm, lass mich mal los.»

«Soll ich wirklich loslassen? Das ist aber gerade so nett, deinen Arm im Polizeigriff zu haben!»

«Ja, furchtbar nett, aber jetzt kannst du mich bitte loslassen, ja?»

Gerade als Lotta losgelassen hatte, hörte ich Wutgeheul aus einem der Kinderzimmer:

«Was für eine Kacke, so eine Scheiße!», rief Greta. Während ich meinen Arm wieder zurechtdrehte, eilte ich in ihr Zimmer.

«Ich krieg das mit dieser blöden Wolle nicht hin, die zieht sich immer zusammen.»

«Was machst du denn da?»

«Na, ich häkele Topflappen, aber ich krieg das null hin, kannst du mir mal zeigen, wie man Topflappen häkelt?»

«Äh, ich weiß nicht, ich glaub, man braucht eine Häkelnadel dazu ...»

«Ach, Papa, was du nicht sagst, das weiß ich allerdings auch!»

Jetzt erst fiel mir auf, dass Juli mit schwerem Verdruss über den Flur schlappte.

«Juli, Mama hat mir erzählt, dass ihr heute mit der Kita zu Besuch im Bundestag wart», sagte ich.

Juli nickte trübe.

«Und habt ihr sogar die Frau Merkel gesehen?»

«Ich hab der Merkel zugewinkt ...»

«Oh, aha!»

«Aber sie hat nicht zurückgewinkt, das ist so gemein!», jammerte Juli.

Man weiß ja nie, was die Kinder bewegt. Einige Tage zuvor, als ich Juli von ihrer Faschingsfeier abholte, fragte ich sie, wie es ihr denn mit ihrem Superpfauenfederzirkuspferdekostüm ergangen sei.

«Gut», hatte sie gesagt, nicht mal aufgeschaut und sich wieder ihren Schleich-Pferden zugewandt.

Und so ist es ungefähr, vier Töchter zu haben.

PAPA FÄHRT KEIN AUTO

Ich wäre bei der ganzen Sache gerne souveräner. Wenn ich auf andere Väter schaue, denke ich mir: Yeah, die haben's drauf. Diese Väter sind zwei Köpfe größer als ihre Kinder und doppelt so breit. Sie machen Vatersachen. Im Winter fällen sie den Weihnachtsbaum im Wald, im Frühjahr bessern sie den Carport aus, im Sommer stehen sie am Grill, im Herbst planen sie den Skiurlaub. Diese Väter sind handwerklich begabt und gleichen den Verlust an Haaren mit einem Gewinn an Bauch aus. Sie haben Kumpels, mit denen sie gerne kicken, reden nicht um den heißen Brei herum und gehen die Dinge gerne mal langsam an. Manche müssen dazu nicht mal Kinder haben und kommen trotzdem total vatermäßig rüber. Ich hingegen habe eine Tochter, die schon einen Kopf größer ist als ich, und gleiche die weniger werdenden Haare mit weniger Muskeln aus. Ich habe zwar das vierfache Vaterzertifikat, würde aber trotzdem am liebsten ständig im Handbuch für richtige Erziehung nachgucken. Leider gibt es kein solches Handbuch.

Manchmal habe ich den Eindruck, meine Kinder meinen auch, dass ich eher ein Vater*darsteller* bin, und noch nicht mal ein besonders guter.

Als ich einmal am Abendessentisch behauptete, immerhin der Kräftigste in der Familie zu sein, rutschten Lotta und Greta fast vor Lachen unter den Tisch: «Wenn du ein bisschen zulegen willst, dann lass doch deinen Stoppelbart wachsen», wieherte Lotta.

«Oder schmier dir noch mehr Ei hinein, das sind ja auch Proteine», lolte Greta. («lol» heißt übrigens «laughing out loud» und wird von meinen Kindern gerne gesagt. Das kann man sicher auch als Verb benutzen.)

Allerdings finden meine Kinder das Ganze nicht immer so lustig, und ganz besonders nicht, wenn der Spaß auf ihre Kosten geht. Typische Väter fahren nämlich Auto. Ich aber nicht. Und das stößt meinen Töchtern besonders in Situationen auf, in denen man einen motorisierten Vater gut brauchen könnte, wie zum Beispiel an jenem regnerischen Märzmorgen in Berlin:

«Papa, warum kannst du eigentlich nicht Auto fahren? Du hast doch einen Führerschein», schimpfte Greta. «Alle anderen Väter LIEBEN Autos!»

Ich warf einen Blick durchs Fenster. Bei dem Wetter sah Berlin noch viel unwirtlicher aus als sonst schon. Der Regen plätscherte auf den Asphalt und ließ kleine Wasserkaskaden emporspritzen. Er wusch den Dreck vom Bürgersteig auf die Straße, wo er sich in großen Pfützen sammelte und darauf wartete, dass Autos mit Schwung hindurchpflügten. Und so ein Passant würde Greta auch gleich sein, wenn sie aus der Tür wäre.

«Andere Väter fahren ihre Kinder jetzt in die Schule!» Greta sah wütend aus. Sie dachte an die anderen Kinder, die mit den anderen Vätern. Diese Väter schlugen jetzt gerade den Kragen ihrer Jacke hoch, um die ungemütlichen zwanzig Meter zum Auto zu sprinten. Vielleicht ein geräumiger Volvo oder ein Lexus. Und die Kinder müssten dann nichts weiter machen, als sich von ihrem Vater durch das nasse Berlin kurven zu lassen. Vielleicht würde der sie noch nach ihrem bevorstehenden Schultag befragen, bevor er sie direkt vor der Schule absetzen würde. Greta hingegen müsste ihre Kapuze über den Kopf ziehen und mit hochgezogenen Schultern durch den Regen staksen, bis sie endlich halb durchnässt am Bus ankommen und mit lauter anderen nassen Menschen Richtung Schule fahren würde. Sie würde ganz durchweicht das Klassenzimmer erreichen, und jeder würde sehen: Greta hat keinen Vater, der sie bei diesem Wetter in die Schule fährt.

«Warum kannst du denn nicht wenigstens mal versuchen, Auto zu fahren?», schalt mich Greta.

Ich hätte eine gute Antwort darauf. Sie hat mit einem Erlebnis zu tun, das viele Jahre zurückliegt. Ich war Student und fuhr mit dem Trabant meiner damaligen Freundin, die aus Ostdeutschland kam, auf einer vierspurigen Autobahn. (Einen Führerschein hatte ich nämlich. Ich habe ihn immer noch. Ich bin einer der wenigen Menschen mit einem Führerschein, der noch ein echter Schein ist.)

Es gab einen Stau, und als der Verkehr irgendwann wieder weiterging, wollte der Trabi nicht mehr. Der Motor erstarb. Die Autos brausten beiderseits an mir vorbei. Etliche hupten wütend, schimpften und drohten. Ich drückte die Warnblinkanlage, aber die Blinker glommen nur noch wie Teelichter. Der Regen strömte die Windschutzscheibe herunter.

In Panik sprang ich aus dem Wagen und winkte, winkte, winkte, jemand möge mich abschleppen. Ich stand dort lange. Verzweifelt. Bis ein netter Mercedesfahrer hielt und mich von der Autobahn auf einen Parkplatz schleppte.

Er war etwas enttäuscht, dass ich gar kein echter Ostdeutscher war, aber er gab mir trotzdem Starthilfe. Ich war dankbar. Anschließend fuhr ich mit 60 auf der Autobahn weiter, während ich laut hupend von Lastern überholt wurde.

Mir war alles egal. Aber ich wusste, ich würde nie mehr Auto fahren.

Das wäre meine Antwort gewesen. Doch Greta hatte schon längst die Haustür mit einem lauten Knall hinter sich zugeworfen, um sich ins kalte Nass zu stürzen.

ZEHN GRÜNDE FÜR TÖCHTER

Wenn ich bei irgendeiner Gelegenheit erwähne, dass ich vier Töchter habe, dann höre ich zuweilen Kommentare wie: «VIER TÖCHTER? Respekt!» Oder: «GANZE VIER Töchter? Da haben Sie ja Spaß.» «Spaß» wird dabei so betont, dass es die Bedeutung von «Kein Spaß» einnimmt. Dabei es ist es wirklich eher Spaß als Stress, jedenfalls nicht mehr Stress, als es eben ohnehin Stress ist, Kinder großzuziehen. Würde ich erzählen, dass ich mir vier Gorillas in der Wohnung halte, könnte ich die Reaktion verstehen. Aber vier Töchter? Die machen weniger Stress als Gorillas. Meistens jedenfalls.

Manche stellen sich vielleicht vor, als Vater von vier Töchtern würde man die ganze Zeit verzweifelt an die Badezimmertür klopfen und um Einlass bitten. Man würde nichts anderes tun, als rosa Söckchen an Wäscheleinen zu hängen, und man würde rund um die Uhr mit Musik von Lina Larissa Strahl beschallt. Davon trifft aber lediglich das ständige Lina-Larissa-Strahl-Hören zu, was aber auch nicht so schlimm ist wie die Songs der Kinderpopstars Marcus & Martinus, die andere Eltern hören müssen.

Ich persönlich bin ein großer Fan des Tochterhabens. Das soll niemanden ausschließen. Ich bin sicher, wäre ich Vater von vier Söhnen, dann wäre ich natürlich großer Fan des Sohnhabens. Hätte ich zwei Töchter und zwei Söhne, würde ich das als idealen Zustand empfinden. Manchmal habe ich allerdings den Eindruck, dass dem empathischen Staunen über Töchterreichtum («VIER TÖCHTER?») noch die jahrhundertealte Vorstellung anhaftet, es sei eine Schmach, keinen männlichen Stammhalter geboren zu haben. Jedenfalls kam mir das in Bayern so vor, wo meine erste Tochter geboren wurde. Da gab es manchmal mitleidvolle Blicke. Aber vielleicht täusche ich mich.

Allen, die mich still bemitleiden, dass ich so viele Töchter habe, kann ich jedenfalls sagen, dass ich überhaupt kein Mitleid brauche. Es hat nämlich viele Vorteile, Vater von Töchtern zu sein, behaupte ich – auch wenn ich Gefahr laufe, hier einige Geschlechterstereotype zu bedienen:

1. Man muss sich nicht so viele Gedanken über das Männerbild machen. Mein Vater zum Beispiel war manchmal bekümmert darüber, dass ich kein «richtiger Junge» war. Er schenkte mir einen luftbereiften Roller, damit ich damit die Gegend erkunden würde – ich benutzte ihn kaum. Er kaufte mir einen Märklin-Metallbaukasten – ich ließ ihn stehen. Ich war in der Hinsicht eher wie Mädchen, mit denen ich auch lieber spielte.

    Bei Mädchen ist man als Vater gegen solche Enttäuschungen gefeit. Ich habe Lotta, als sie noch ein

Kita-Kind war, einmal einen Bagger von Lego geschenkt. Sie freute sich und spielte mit dem Bagger. Und dann sagte sie: «So, jetzt bist du müde, mein lieber Bagger» – und brachte ihn zusammen mit ihren Puppen ins Bett.

2. Mädchen singen schön. Dank meiner Töchter und meiner Frau, die so oft mit ihnen gesungen hat, habe ich einen beachtlichen Schatz an Volks- und Kinderliedern im Kopf. Und singen ist, wie wir alle wissen, gesund. Wahrscheinlich werde ich hundert Jahre alt, allein wegen all der Schlaflieder, die ich gesungen habe.

3. Man muss sich nicht so gut mit Fußballvereinen auskennen. Ich weiß nicht, woran das liegt, aber ich kenne Jungen, die tragen seit Jahren als einziges Kleidungsstück das Trikot ihres Lieblingsvereins. Und ich kenne Väter, die sind unglücklich darüber, dass dies Bayern München und nicht St. Pauli ist. Bei meinen Mädchen wollte nur Lotta jemals ein Fußballtrikot tragen, und zwar das vom FSV Hansa Berlin 07, weil sie dort in der Mädchenmannschaft gespielt hat.

4. Mädchen tanzen von Fortnite alle Tanzsequenzen nach, aber sie kämen nicht auf die Idee, das Videospiel eine ganze Nacht durchzuzocken.

5. Ich glaube, Mädchen haben weniger Zerstörungspotenzial. Ich brauche es zwar nicht allzu ordentlich. Aber wenn Juli ihre männlichen Freunde aus der Kita zu Besuch hat, sieht die Wohnung danach so aus, als hätten Hells Angels und Bandidos darin einen Bandenkonflikt ausgetragen.

6. Mädchen sind leichter als Jungs, man kann sie besser tragen, und wenn sie auf einem herumklettern und -hüpfen, dann trägt man weniger schwere Verletzungen davon.
7. Man muss sich nicht mit Panzern auskennen. Ich habe ja sehr wohl Kontakt zu Jungs. Neulich war ich zum Beispiel mit meinem Neffen unterwegs. Nach einem Kinobesuch waren wir noch in einem Schnellrestaurant, da zog der Kleine plötzlich einen Spielzeugpanzer aus der Tasche und schob ihn – «Brmbrm» – über den Tisch. Das Ding hatte er auf dem Dachboden gefunden. «Was ist das eigentlich für ein Panzer?», fragte er mich. Ich wusste es leider nicht. Die anderen – leicht verstörten – Gäste wussten es auch nicht. Ich weiß, es ist müßig, über Geschlechterunterschiede zu spekulieren. Aber ich vermute einfach mal, bei Mädchen kommt es nicht so häufig vor, dass sie einen mit Panzern in der Öffentlichkeit überraschen. (Es war übrigens ein «Tiger», wie ich später herausfand, der Star-Panzer der Wehrmacht – das gewusst zu haben, hätte es nicht besser gemacht.)
8. Die Idole von Mädchen sind Pferde oder gutaussehende Jungs. Die Idole, die der Jungswelt angeboten werden, sind männliche Superhelden, die anderen Superhelden aufs Maul hauen. Ich würde lieber in einer Welt voller Pferde und gutaussehender Jungs leben als in einer von kämpfenden Superhelden.
9. Wenn man Mädchen neue Kleider kauft, freuen sie sich darüber, tragen die Sachen gerne – und die Teile halten länger als 48 Stunden.

10. Ich habe gehört, dass sich Töchter eher als Söhne um ihre Eltern kümmern, wenn diese einmal alt und pflegebedürftig sind. Hoffe, davon profitiere ich mal.

All die anderen Sachen, die man sich von Mädchen so erzählt – dass sie etwa bessere Manieren haben, dass sie hygienischer und ordentlicher und fleißiger sind, dass sie gerne im Haushalt helfen und in der Schule ganz aufmerksam und strebsam sind –, sind überkommene Klischees. Das kann ich versichern.

MAMA IST BESSER

Was auf dieser Liste fehlt: die Mär, dass man als Vater von seinen Töchtern angehimmelt wird. Dem ist nicht so. Für Greta ist es zum Beispiel eine unmögliche Vorstellung, mit mir für eine Klassenarbeit zu lernen, denn dann wären schlechte Zensuren quasi vorprogrammiert. Also lernt sie mit Mama. Und für Julis Empfinden ist ein Essen, das Papa zubereitet hat, genauso minderwertig wie die Zeit verschwendet, wenn Papa eine Geschichte aus einem Bilderbuch vorliest – und nicht Mama.

Neulich sagte Greta zu mir: «Glaubst du eigentlich, dass Pullover dir so stehen?» Ich hatte bis dahin gedacht, dass ich einen modischen Pulli trug, der mich zehn Jahre jünger machte. «Irgendwie ist der so opahaft», fügte Greta hinzu, «du solltest lieber ein Hemd und ein Jackett anziehen, das lässt dich ein bisschen jünger aussehen.»

Karl Lagerfeld hat einmal gesagt, es bringe nichts, einen auf Jung zu machen, denn man könne damit zwar alle möglichen Leute täuschen, aber auf keinen Fall die jungen. Leider habe ich in meinem Leben vor allem mit ziemlich jungen Leuten zu tun. Doch das hilft nicht dabei, sich junggeblieben zu fühlen. Den Pullover habe ich nie wieder angezogen.

Als Vater würde man gerne von seinen Töchtern für den schönsten Mann der Welt gehalten werden. Man hört doch auch, dass Söhne ihre Mama als die Allerschönste ansehen. Ich hingegen bekomme von meinen Kindern das, was man sich als Chef von seinen Mitarbeitern so wünscht: ehrliches Feedback.

Lotta hat mir einmal beschrieben, wie ihr Traummann aussieht. Er ist groß, hat volle, dunkle Haare, einen Sixpack-Bauch, braune Haut und einen athletischen Körper. Er ist also das genaue Gegenteil von mir.

Ich wäre ja eher für einen Typen wie mich, aber davon träumt meine Tochter halt nicht. In der Summe kann ich sagen: Meine Kinder sorgen stets dafür, dass ich ein realistisches Bild von mir selbst habe – auch wenn ich ein unrealistisches bevorzugen würde.

Neulich war Luna bei mir im Büro zu Besuch. Sie blätterte in einer Zeitschrift, als sie plötzlich aufblickte: «Papa, du hast da ja ein graues Haar!» Es klang, als breche eine Welt für sie zusammen.

«Ich habe keine grauen Haare», verteidigte ich mich und merkte erst dann, dass das ein komplett doofer Satz war. Also sagte ich schnell: «Irgendwo muss ich ja mal mit dem Altern anfangen, ich dachte, die Haare sind eine gute Stelle.»

«Ich finde alte Menschen gut», meinte Luna nach kurzem Überlegen, «ich habe überhaupt nichts gegen sie. Und wenn du einmal stirbst, dann werde ich ein total schönes Grab für dich machen.»

Das nenne ich mal vorausschauende Planung.
Im Grunde, dachte ich, hat es ja sein Gutes, wenn man weiß, man kann sich auf seine Leute verlassen.

REITERHOF

Es gibt nicht viele Tipps, die ich frischen Vätern von Töchtern geben kann, aber einen doch: Stelle dich nie zwischen ein Pferd und ein Mädchen.

Meine Tochter Juli zum Beispiel ist, wie bereits erwähnt, umgeben von Pferden. Sie hat etliche Spielzeug-Pferde von Schleich und auch welche von Playmobil. Sie hat Pferde-Stofftiere, sie hat aber auch große Spiel-Pferde, also solche mit einer Schulterhöhe von einem Meter. Sie hat davon drei. Wenn Juli beginnt zu spielen, dann baut sie die gesamte Wohnung zum Reiterhof um. Dann werden Stühle so gerückt, dass sie eine Stallung ergeben, und der Teppich im Wohnzimmer ist die Koppel. Oder der Reitplatz. Man weiß es nicht, man versteht es aber sofort, wenn man etwas wegrückt. «Papa, nein, das sind doch die Pferdeboxen!», schimpft sie mich dann wie einen dummen Stalljungen.

Das ist vielleicht das Einzige, was Juli mit all ihren Schwestern gemeinsam hat: Pferde, Pferde, Pferde. Ich würde gerne sagen, dass dies ein Klischee sei. Aber ich habe das Gegenteil erfahren, mehrfach. Ich habe mein halbes Leben damit verbracht, Kinder auf Pferderücken zu heben, meist auf Reiterhöfen.

Ein Reiterhof ist eine Anlage mit einer Reithalle, einem Reitplatz, Stallungen, angeschlossenen Ferienwohnungen und einem alles beherrschenden Pferdewahnsinn. Ich war mit meinen Kindern auf verschiedensten. Manche waren an alte Gutshäuser angeschlossen, andere waren einfache Zweckbauten neben Bundesstraßen. Aber all diese Reiterhöfe hatten gemein, dass auf ihnen andere Gesetze herrschten als in der normalen Welt. Denn dort regierte das einzige Wesen, das für Mädchen noch über dem Pferd steht: die Reitlehrerin. Die Reitlehrerin lebt den Traum eines jeden weiblichen Kindes, sie hat ihn zu ihrem Lebensinhalt gemacht. Den ganzen Tag ist sie umgeben von den Wesen, die ein Mädchen am meisten liebt. Und was noch wichtiger ist: Diese Wesen gehorchen ihr. Sie gehorchen nicht dem Vater, sondern der Reitlehrerin. Was bedeutet, dass die Reitlehrerin weit über dem Vater steht.

Der Vater hat eigentlich wenig zu melden, er ist auf dem Reiterhof in einer Position, in der er bestenfalls bestehen kann, indem er sich irgendwie durchlaviert und Versorgungs- und Management-Aufgaben übernimmt. Was bedeutet, dass der Reiterhof wiederum eine sehr lebensnahe Erfahrung ist. Ich kann jedem Vater nur einen Besuch ans Herz legen. Es bereitet einen gut darauf vor, wie es später im Leben mit den Kindern läuft.

Ich muss es wissen. Ich buche Ferien auf Reiterhöfen, seit ich Kinder habe. Ein Reiterhof, den wir regelmäßig besucht haben, kurz bevor Lotta in die Schule kam, lag in Schleswig-Holstein. Dort konnte meine älteste Tochter Reitstunden nehmen, während man mit den kleinen Kindern Pony reiten ging. Das Pony hieß Jonny. Jonny war ein Shetlandpony, das sind sehr widerstandsfähige Tiere. Vor allem Widerstand Vätern gegenüber ist angesagt.

Ich hatte mir die Ferien auf dem Reiterhof immer so vorgestellt, dass ich die Kinder zum Reiten schicke, selbst aber Urlaub mache. So ist es aber nicht gedacht. Denn auf einem Ponyhof haben Väter vielfältige Betätigungsfelder. Sie können zum Beispiel gemeinsam mit den Kindern die Pferde reitfertig machen. Um ein Pferd reitfertig zu machen, muss man es zuerst von der Weide holen, dann muss man es an einem Balken anbinden. Man muss es striegeln und ihm die Hufe auskratzen. Man muss eine Satteldecke auflegen und einen Sattel aufsetzen und festschnallen. Man muss die Steigbügel auf die richtige Länge bringen und dann alles noch einmal nachzurren. Zuletzt muss man ihm die sogenannte Trense, das Reitgeschirr, überziehen. Und dann kann das Kind aufsteigen, und es geht los, heißa durch Felder und Heide. Ich weiß das so genau, weil ich es unzählige Male gemacht habe oder zumindest versucht habe, es zu machen.

In Pferdefilmen sieht das immer so aus, dass die Pferde fröhlich wiehernd herangetrabt kommen, wenn sie eines etwaigen Reiters ansichtig werden. Sie wollen nämlich nichts lieber als reiten, die Pferde. Ich weiß nicht, was sie Filmpferden dafür in den Hafer tun. Eigentlich hat ein Pony nämlich einfach keine Lust, mit einem Kleinkind auf dem Rücken hinter einem Vater herumzuzuckeln.

Ich ging also mit Lotta zur Weide, und kein Pony kam fröhlich angetrabt. Die Tiere, darunter ebenjener

Jonny, drückten sich am anderen Ende der Wiese herum. Sie beobachteten den Vater aus dem Augenwinkel – den Vater, der dem Kind zeigen sollte, wie man ein Pferd von der Wiese holt. Jonny roch bald Lunte, ich glaube, ich war ihm sofort unsympathisch. Ich ging auf Jonny zu. Die Reitlehrerin hatte gesagt, ich solle von vorne kommen, ganz locker und selbstverständlich. Wenn man nicht deutlich für das Pferd zu erkennen sei, würden die Pferde nervös. Sie hatte auch betont, dass es wichtig sei, ganz behutsam mit den Ponys zu sprechen. Die Ansprache und die Ausstrahlung müssten stimmen.

«Hallooo, Jonny, lieeber Jonny, na, mein guter Johonny. Wollen wir einen kleinen Ausflug machen?», lockte ich.

Jonny hob den Kopf, schaute mich nicht an und antwortete: «Nein danke, du Arschloch.» So etwas in der Art. Dann drehte mir Jonny den Hintern zu.

Ich war nun schlau genug, mich dem guten Jonny nicht von hinten zu nähern. Das hatte ich mal auf einem anderen Reiterhof gesehen, wie das ein Vater gemacht hatte: Das Pony hatte ihm mit den Hinterhufen einen solchen Tritt verpasst, dass er zwei Meter durch die Luft flog, sehr unsanft landete und zwei große blaue Flecken auf dem Brustkorb davontrug. Er hatte Glück gehabt, dass er sich keine Rippen gebrochen hatte. Das hatte der Reithofbesitzer damals genau so ausgedrückt: Der Vater habe Glück gehabt, dass seine Dummheit nicht schlimmer bestraft worden sei. (Man stelle sich vor, ein Hundebesitzer, dessen Hund jemanden gebissen hat, würde sagen, der Betroffene habe Glück gehabt, dass der Hund ihn nicht zerfleischt habe. Aber bei Pferden ist das etwas anderes. Sie sind nie an etwas schuld, und ihre Halter natürlich auch nicht.)

Ich umrundete Jonny also weiträumig und ging dann wieder ganz selbstverständlich auf ihn zu. Ich strahlte dabei so positiv aus, wie ich konnte. In diesem Zustand hätte ich jedes Bewerbungsgespräch gemeistert. Zumindest wenn ich nicht nach einer Anstellung bei Jonny gefragt hätte.

Jonny drehte sich wieder weg.

«Papa, du musst dem Jonny die Leine anlegen», rief mir Lotta fröhlich zu. Sie hatte ja keine Ahnung, dass Papa mitnichten dabei war, dem Tier die Leine anzulegen, sondern im Begriff, in einen Ringkampf einzusteigen.

Ein weiteres Mal umrundete ich Jonny. Nun war der positive Tonfall eher etwas Kumpelhaftem gewichen: «Komm, alter Junge, lass uns doch einen netten Ausflug machen, wir vertreten uns die Beine, und dann bist du schon gleich wieder in deinem Verschlag, hm?»

Diese Anbiederung fand Jonny nun ganz und gar furchtbar, er drehte sich erneut weg und scharrte mit einem Hinterlauf am Boden, wie um klarzumachen, dass es gleich ordentlich eins aufs Maul gäbe.

Bei meinem nächsten Zugriffsversuch bemühte ich mich nicht mehr um nette Umgangsformen. «Jetzt komm halt, du blödes Vieh!» Ich ging entschlossenen Schrittes auf ihn zu, er drehte sich im letzten Moment weg und drängte mich mit seinem Hinterteil ab.

«Paaapa! Du musst ihm die Leine anlegen, die Leeine!», rief Lotta wieder.

Nun reichte es mir komplett, ich tat einen Satz und packte Jonny am Hals. Er riss den Kopf einmal hin und einmal her, dann hatte er wohl die Befürchtung, seine Mähne könne in Unordnung geraten. Jetzt wehrte er sich nicht mehr, aber er gab sich auch null Mühe, zu verbergen, wie unglaublich widerlich er mich fand. Ich aber klickte die Leine in seinen Halfter, und nun hatte ich ihn.

Im nächsten Schritt schob ich ihm die Trense über den Schädel und zwang ihm das Mundstück ins Maul. Ich war der Sieger. Bereitwillig folgte mir Jonny aus der Koppel. Er machte aber nur ein paar Schritte aus dem Gatter und blieb dann stehen. Jetzt erst begriff ich. Außerhalb der Koppel war das Gras etwas höher, also hatte er sich entschlossen, dort zu grasen. Seelenruhig rupfte er Büschel ab, während ich verzweifelt versuchte, ihn von der Stelle zu bewegen. So ein Pony wiegt mehrere hundert Kilo. Sosehr ich auch zog, Jonny bewegte sich nicht.

«Papa, wir müssen doch zum Stall», meinte Lotta, jetzt reichlich verwirrt, warum ihr Vater das Pferd nun hier einfach weiden ließ.

Ich schaute auf die Grasbüschel. Es waren etliche, Jonny würde hier noch lange zu fressen haben. In meiner Verzweiflung band ich ihn am Zaun der Koppel fest und eilte zur Reitlehrerin.

Die Reitlehrerin – ich glaube, sie hieß Susanne – verdrehte die Augen. «Sie müssen Jonny verständlich machen, was Sie wollen. Wie soll er das denn wissen?»

Meiner Meinung nach war es Jonny gewesen, der seinen Job, ein Schulpony zu sein, nicht machte. Aber schuld war offenbar ich. Und dass Jonny partout nicht wusste, was man möglicherweise von ihm wollen könne, konnte ich mir auch nicht vorstellen. Er wollte eben einfach nicht.

Mit demonstrativ genervten Schritten ging die Reitlehrerin zu Jonny, band ihn von der Koppel ab (ich hatte außerdem den falschen Knoten gemacht) und führte ihn zum Stall. Er trottete anstandslos hinter ihr her. Er wusste offenbar, was er sich bei wem leisten konnte.

«Papa, guck mal, so macht man das», sagte Lotta fröhlich.

Nachdem die Reitlehrerin Jonny angebunden hatte, war es an mir, ihn weiter zu präparieren. Aber er rührte nicht die Hufe, als ich sie auskratzen wollte, und während ich ihm den Sattel anlegte, blähte er sich absichtlich auf, damit der Sattel nachher schön locker sitzen würde (das machen Pferde immer, habe ich später erfahren). Und als die Reitlehrerin endlich gegangen war, machte er plötzlich einen Schritt zur Seite und presste mich mit seinem massigen Leib gegen die Wand, sodass ich kaum Luft bekam. Das war der Moment, in dem ich schrie und ihn voller Wut wegstieß. Die anderen Väter und Mütter im Stall guckten mich mitleidig an, sie hielten mich für überfordert. Offenbar konnten sie alle besser mit Pferden.

Als wir später über das Feld trotteten, auf dem Rücken des Ponys eine selige Lotta, die völlig verliebt in den Gaul war, hielt ich Jonny am Halfter so fest, dass er den Kopf kaum bewegen konnte. Ich führte ihn nicht, ich führte ihn ab. Er folgte mit Grimm. Leise flüsterte ich ihm Verwünschungen ins Ohr. Lotta sollte sie nicht hören. Und Jonny stellte sich vor, wie er mich bei nächster Gelegenheit so in den Schlamm stampfen würde, bis ich Brei wäre.

Dazu kam es nicht, am nächsten Tag reisten wir ab.

DIE GROSSE

Manche Menschen sind unsicher, wie sie mit einem vierfachen Vater umgehen sollen. Sie wissen nicht, mit was für einer Art Mensch sie es da zu tun haben. Bin ich jemand, der aus Überzeugung vier Kinder bekommen hat, etwa aus einer religiösen Anschauung heraus? Oder ist es vielleicht so, dass ich diese vier Kinder gar nicht absichtlich bekommen habe? Habe ich sie mir aufschwatzen lassen? Waren es vier Unfälle? Unbeabsichtigte Zeugung? Oder bin ich gar ein ganz Schlimmer, der vier Kinder von vier Frauen hat? Vielleicht sogar auf vier Kontinenten? Man weiß es nicht, klar ist allerdings, dass irgendetwas nicht ganz stimmt. Deswegen sind die Leute unentschlossen, was sie spontan sagen sollen. Manche loben dann: «Vier Kinder – wow – Respekt.» Respekt wovor eigentlich?

Ich kann das erklären: Die Mädchen sind nicht alle von denselben Partnerinnen. Meine älteste Tochter ist aus einer früheren Beziehung, die anderen drei Töchter habe ich mit meiner jetzigen Frau bekommen. Sie waren auch nicht alle immer zu dem Zeitpunkt geplant, zu dem sie entstanden sind. Aber was im Leben läuft denn schon nach Plan?

Mein größtes Kind ist Luna. Sie ist die Älteste, aber nicht immer die Vernünftigste. Sie ist 19 und lebt in unserer Nähe. Es kann vorkommen, dass Luna bei mir anruft und, gefragt, wie ihr Abend war, antwortet: «Da habe ich diesen netten Rugbyspieler kennengelernt und dann einfach Lust bekommen, mich mal richtig mit ihm zu prügeln.»

Du hast was?

«Er hat gesagt, ich prügle gar nicht schlecht.»

Als Luna auf die Welt kam, war ich erst 25 Jahre alt. Wenige Männer planen, in diesem Alter Vater zu werden. Es war nun nichts mehr damit, auf Partys herumzuhängen, bis 15 Uhr auszuschlafen und vor sich hin zu prokrastinieren. Gerade erst war ich dem Elternhaus entflohen, wo es immer einen gegeben hatte, der mir sagte, was ich zu tun hatte – da kam schon das nächste Wesen und sagte es mir: es wickeln, es füttern, es tragen. Was denn sonst. Es war noch nicht die Zeit, in der Freunde neugierig Anteil nahmen, weil sie wissen wollten, wie das denn so sei, ein Kind zu bekommen. Denn in Wirklichkeit wollte das noch niemand so richtig wissen. Man war erst dabei, sich selbst zu finden.

Als Luna unterwegs war, traf ich mich mit Kommilitonen aus der Journalistenschule in der Kneipe, und wir redeten uns die Köpfe über guten und schlechten Journalismus heiß. Aber niemand sprach darüber, ob man als Mann eigentlich einen Schwangerschaftsvorbereitungskurs besuchen solle. Ob man eine Milchpumpe brauchen könne. Was denn nun alles zur Erstausstattung eines Babys gehöre. Ich war raus.

Und das blieb ich auch eine Weile. Ich musste lernen,

dass man, wenn man ein Baby hat, zwar quasi die ganze Welt verpasst – aber eine völlig neue Welt erst kennenlernt. Die spannendsten Dinge, die man erleben kann, finden alle zu Hause statt. Besser als jeder Kinofilm. Und überhaupt – was soll man draußen? Ich blieb also auch ganz gerne zu Hause. Und erfuhr dort alle Weltwunder: ein erstes Lächeln, ein erstes Wort, erste Schritte. Manchmal, wenn ich dann meine alten Freunde besuchte, war ich ganz erschüttert. Sie trafen sich und spielten den ganzen Abend Computer. Es erschien mir unglaublich öde. Warum bekamen die nicht auch alle Kinder? Dann hätten wir interessante Gesprächsthemen.

Mit 25 ein Kind zu bekommen ist früh, höre ich oft. Das stimmt. Man weiß noch gar nicht, was Verantwortung bedeutet. Man hat keine rechte Ahnung, was ein Kind braucht. Allerdings ist es von Vorteil, dass das dem Kind relativ Wurst ist. Für mich hieß, ein Kind zu haben: Plötzlich ist da jemand, der voll auf einen setzt. Der hundert Prozent Vertrauen hat. Der daran glaubt, dass man die Dinge im Griff hat. Das hatte ich all meinen Studienkollegen voraus. Und ich hatte diesen Zuspruch bis tief in die Nacht.

Meine Freunde feierten die Nacht durch, ich auch. Auf meine Weise: Ich verbrachte unzählige Stunden damit, auf dem Hausflur auf und ab zu gehen und Luna zu tragen, Schlafliedchen summend. Ich hatte einen wiegenden Gang, bei dem ich mit jedem Schritt das Baby ein paarmal sanft schunkelte. Diesen Schritt beherrscht jedes Elternteil sofort. Er ist vielleicht angeboren. Ich hatte das Baby im Arm und schritt und schritt und schritt. Und summte. Oder sang: «Der Mond ist aufgegangen.»

Ich bin eigentlich ein Nachtmensch, denn ich bin gerne nachts wach, und es macht mir wenig aus, nur kurz zu schlafen und schnell wieder aufzustehen. Aber so ein Baby ist in all diesen Disziplinen noch viel, viel besser. Nur dass es in solchen Stunden eben nicht gern alleine sein möchte. Man weiß ja nicht, was in so einem kleinen Kopf abläuft. Ob ihm das eigene Gehirn beim Wachsen Angst macht. Oder ob es ständig Geistesblitze bekommt, die es erschüttern und nicht schlafen lassen.

Manchmal, nach Kilometern, die ich im Flur auf und ab gelaufen war, gelang es mir tatsächlich, Luna irgendwie zum Schlafen zu bringen. Wenn sie eingedämmert war, musste ich sie sanft, ganz sanft, ablegen. Und dabei nicht die geringste Erschütterung verursachen. Leider funktionierte das in den seltensten Fällen. Sobald das Kind lag, hatte es die Augen wieder offen. Wie eine umgekehrte Schlafpuppe. Und der Lauf durch die Nacht begann von neuem. Trotzdem waren es eigenartig wunderbare Stunden.

Wenn ich Luna heute betrachte, eine ausgewachsene, junge Frau, erscheint es mit unmöglich, dass ich diesen Menschen vor knapp 20 Jahren in der Armbeuge mit mir herumgetragen habe. Heute hat Luna einen Freund, mit dem sie sich glücklicherweise eher selten prügelt. Sie macht gerade ihr Abitur, deshalb muss sie viel lernen, was ihr gleichzeitig ein Verdruss ist. Sie lehnt die Schule aber keineswegs ab. Sie geht gerne aus und mag Partys, sie geht aber überhaupt nicht gerne tanzen und hasst Clubs. Sie verabscheut Alkohol bis auf einen Drink namens Brandy Alexander, einen Cocktail aus Brandy, Kakaolikör und Sahne. Davon würde sie aber auch gerne ein bisschen mehr trinken, wenn sie die Gelegenheit dazu hätte. Luna liebt ihr Smartphone, aber noch mehr liebt sie Charles Bukowski. Sie hat alles von ihm gelesen und nimmt es ihm ein bisschen übel, dass er tot ist und deshalb nichts Neues mehr schreibt.

Überhaupt kommt bei Luna einiges zusammen, was eigentlich gar nicht zusammenpasst. Ihr ganzer Stolz ist eine Sonnenbrille von Prada, man sieht sie selten ohne diese Brille. Dazu baumelt ihr ein Mercedesstern um den Hals. Ich frage mich, wo sie den wohl herhat. Luna trägt heruntergerockte Military-Hosen, die sie im Second-Hand-Shop findet, und dazu kombiniert sie eine Lederjacke von Prada, ebenfalls *Vintage*. Luna hört am allerliebsten Deutsch-Rap der derbsten Sorte, aber sie geht auch sehr gerne ins Theater. Sie ist das einzige meiner Kinder, mit dem ich ohne Zwischenfälle wie plötzlicher Gähnerei oder Nölattacken in eine Kunstausstellung gehen kann. Luna mag gerne Fisch, ist ansonsten aber Veganerin. Luna ist gerne albern, aber auch sehr, sehr ernst. Wenn man mit ihr über das Weltklima redet, sollte man dabei keine blöden Witze machen. Mit Luna kann ich stundenlang diskutieren. Und ich muss es auch. Meistens stellt sich dabei heraus, dass sie reflektierter ist als ich. Das lasse ich mir aber nicht anmerken. Ihrem Vater verzeiht sie viel, ähnlich viel wie damals, als ich sie als Baby herumgetragen habe. Nur dass ich ihr meine Neigung zum Heuschnupfen vererbt habe, das findet Luna unverzeihlich.

DIE NICHT GANZ SO GROSSE

Ich finde, wie ein Kind später einmal sein wird, erkennt man schon, wenn man es das erste Mal in den Armen hält. Als Lotta geboren wurde und ich sie zum ersten Mal sah, hatte ich das Gefühl, sie sei noch gar nicht richtig auf der Welt angekommen. Als hätte sie noch nicht wirklich verstanden, was es bedeutete, hier zu sein. Ein bisschen gehört das immer noch zu ihrem Charakter. Lotta hat mit allem ihre eigene Zeitrechnung und ihr eigenes Tempo. Sie war vom ersten Tag an mit einem besonderen Selbstbewusstsein ausgestattet. Ein Kind von ständiger Aufmerksamkeit für die Dinge um es herum. Zu jeder Tageszeit.

Lotta hatte als Baby drei große Eigenschaften. Sie guckte viel, schlief wenig, und sie lachte wenig. Ein Tag mit Lotta war so, dass ich mich 24 Stunden lang völlig zum Deppen machte, bloß um von meiner Tochter ein ganz schmales Lächeln zu bekommen.

Lotta geht heute in die achte Klasse, und ihr größtes Hobby sind ihre Freundinnen. Ich beneide Lotta für ihre Fähigkeit, auf wildfremdem Terrain unbefangen Kontakt zu anderen aufnehmen zu können. Wenn ihr jemand etwas Gemeines sagt oder sie Zurückweisung erfährt, hat sie eine unglaubliche Souveränität, das alles zu ignorieren. So leicht lässt sich Lotta nicht beirren.

Lotta liebt es, in «Malls» shoppen zu gehen, sie dreht gerne mit ihren Freundinnen Musikvideo-Clips, aber sehr gerne liegt sie auch auf dem Bett und macht – nichts. Heute nennt man das chillen, früher hieß es rumgammeln. Lotta wünscht sich nichts sehnlicher, als Gruppenleiterin bei der Schüler-Freizeit-Organisation ihrer Schule zu werden. Das finde ich bemerkenswert.

Wenn ich wissen will, was Lotta gerade macht, muss ich nur auf Instagram gucken, dort postet sie in ihrem Freundeskreis gerne Fotos von sich, die mit so viel Hingabe komponiert sind wie die Porträtmalerei der Renaissance. Wenn Lotta eine gute Fotogelegenheit sieht, ist sie nicht mehr zu halten. Besonders wenn es das Licht kurz vor Sonnenuntergang ist: «He, Papa, es ist gerade *golden hour*: ALLE machen jetzt Bilder für Instagram.» Sobald Lotta mal ein Foto auf Instagram gepostet hat, beschwert sie sich kurze Zeit später: «Papa, warum hast du mein Bild noch nicht geliked, interessierst du dich überhaupt für mich?»

Lotta ist sehr kreativ. In ihrem Zimmer hängen keine Poster von Stars, die sie anhimmelt, sondern Fotos von Freunden und Bilder, die sie selbst gemalt hat. Sie kann eine ganze Nacht damit zubringen, ein Auge von sich mit Kohlestiften möglichst naturgetreu abzumalen, wobei ich aber selten verstehe, warum Lotta jetzt unbedingt ihr eigenes Auge malen muss. Manchmal verbringt Lotta auch viel Zeit damit, Geschichten zu schreiben. Ich meine, sie schreibt sehr schön. Das findet sie auch. «Ich würde ja auch ganz gerne so etwas machen, wie Mama und du machen», sagt Lotta manchmal, «aber leider ist Journalismus ja ein aussterbender Beruf, Papa.» Deswegen überlegt sie, Lehrerin zu werden. Man kann aber nicht sagen, dass Lotta sich mit Zukunftssorgen plagen würde. Sie ist einer der unbekümmertsten Menschen, die ich kenne. Lotta sagt eigentlich selten etwas Negatives. Ihr Lieblingswort ist «nice». «Das ist ein voll nicer Typ.» Ihre Unbekümmertheit äußert sich allerdings auch darin, dass sie ständig etwas vergisst oder verbummelt. Und wir ihr den ganzen Tag ihr Leben hinterhertragen müssen.

Manchmal sage ich zu Lotta: «Du musst die Dinge ernster nehmen.» Und dann sagt sie: «Ja klar, mach ich!», und ich weiß: Sie hat mir nicht einmal zugehört.

DIE NOCH ETWAS KLEINERE

Wer gerade ein Kind bekommen hat, der kann sich erst mal schwer vorstellen, bald ein weiteres zu bekommen. Es erscheint einem schier unmöglich. Das eine Kind verbraucht ja schon hundert Prozent der eigenen Zeit. Wie sollte man diese Aufmerksamkeit denn noch verdoppeln? Man beginnt gerade erst wieder, mehrere Stunden am Stück zu schlafen. Man war vielleicht schon wieder einmal im Kino. Man fängt an, sich selbst nicht mehr als ein bloßes Bündel von Funktionen zu sehen. Das Elternsein hat einen bis dahin so beansprucht, dass man sich gar nicht vorstellen kann, dass es möglich wäre, gleich wieder ein Kind zu kriegen. Aber dann bekamen wir es doch. Die nächste Tochter war unterwegs.

Greta war ein sehr anhängliches Kind, vor allem bei ihrer Mama. Das zeigte sich etwa daran, dass sie sich nicht abstillen ließ. Wir versuchten alles. Ich schickte meine Frau einen ganzen Tag vor die Tür, damit das Kind Hunger bekäme und den Brei akzeptierte. Greta hungerte lieber. Versuchte ich ihr das Fläschchen zu geben, presste sie fest ihre Lippen zusammen. Greta war noch kein Jahr alt, aber von einer undurchdringlichen Entschlossenheit. Sie weinte nicht, sie wehrte sich nicht, aber sie war völlig gewiss, auf keinen Fall dieses komische Plastikteil in ihren Mund zu lassen. Sie wartete. Sie wartete, und sie war sich sicher, dass sie länger warten konnte als ich. Und sie behielt recht. Irgendwann kam ihre Mutter zurück und damit auch ihre Nahrungsquelle.

Noch heute, wo Greta zwölf ist, sind ihre Merkmale Beharrlichkeit und Misstrauen gegen irgendwelche Neuerungen auf dem Speiseplan. Sie ist darüber hinaus jemand, der immer alles im Griff hat. Greta weiß jetzt schon, dass sie Ärztin oder auch Juristin werden will. Und sie kann sehr gut sparen.

Ihre Hausaufgaben macht Greta so strukturiert, als habe sie an einem Coaching teilgenommen. Wenn sie sich auf eine Mathearbeit vorbereitet, dann lernt sie nicht nur die Aufgaben aus dem Mathebuch, sondern schreibt sich selbst eine Klausur, um ihre Leistung zu testen. Greta interessiert sich aber auch für Dinge, die sonst niemand um sie herum auf dem Schirm hat. Sie kann etwa stricken, filzen und häkeln. Zu Weihnachten hat sie sich eine Nähmaschine schenken lassen, jetzt kann sie eben auch nähen. Es dauert vermutlich nicht mehr lange, dann kann sie alles. Das meiste hat sie sich mit Hilfe von YouTube-Videos beigebracht. Lange Zeit hat sich Greta auch mit der Herstellung verschiedener Arten von Schleim beschäftigt. Schleim, den man kneten kann, Schleim, den man essen kann. Schleim, den man ans Fenster werfen kann.

Und Greta hat eine große Schwäche für Drama. Sie liebt traurige Geschichten. Am liebsten ist ihr, wenn die Hauptfigur mit einer unheilbaren Krankheit im Krankenhaus liegt und sich, kurz bevor sie stirbt, noch einmal ganz groß verliebt. «Ich mag eben Sachen mit Traurigkeit und Tod», sagt Greta lapidar.

Ich habe Greta mal gefragt, für was sie da eigentlich so emsig spart. Sie sagte: «Na, für eine kleine Eigentumswohnung für mich und meinen Mann!» Dafür wäre dann auch gesorgt.

DIE ~~KLEINSTE~~
AUCH RECHT GROSSE

Und dann ist da noch Juli. Juli ist erst fünf, aber darüber spricht sie nicht so gerne. Sie findet es nämlich sehr, sehr ungerecht, dass alle Geschwister älter sind als sie. Und sie sind es jeden einzelnen Tag. Das hat mit Gerechtigkeit nichts zu tun. Es ist aber nicht nur so, dass die anderen alle einfach nur älter sind: Sie dürfen deswegen auch mehr. Gegen all diese Ungereimtheiten muss sich Juli ständig zur Wehr setzen. Und das ist nicht einfach, wenn man klein ist – obwohl Juli natürlich mitnichten klein ist, damit darf man ihr nicht kommen.

Juli kam mit einem gehörigen Abstand zu ihren größeren Schwestern auf die Welt. Das macht sie regelmäßig wütend. Ich habe ihr noch nicht erklärt, dass ich für diese verspätete Ankunft verantwortlich war. Ich habe zu viel Angst vor ihren Vorwürfen. Es war nämlich so: Wir hatten viel Glück mit unseren Töchtern gehabt. Außer ständigen Ohrenentzündungen gab es keine schlimmen Krankheiten. Die beiden kleinen Schwestern schauten zu ihrer viel größeren Schwester auf, und untereinander bildeten sie ein symbiotisches Etwas. Sie spielten viel miteinander, aber nie mit Barbies. Es war alles perfekt. Fand ich. Meine Frau wollte aber gerne noch ein weiteres Kind. Ich fand das übertrieben. Ich hatte drei Töchter. Drei Töchter, das klang gut, das musste reichen. Was sollte ein weiteres Kind noch hinzufügen, was man nicht schon hätte? Wir machten eine Abmachung: Wenn bis zum 40. Geburtstag meiner Frau kein Kind unterwegs sein würde, dann würden wir dauerhaft verhüten, und mit Kindern wäre ein für alle Mal Schluss. Ich war ganz zufrieden mit dem Deal.

Zwei Wochen vor ihrem 40. Geburtstag tippte meine Frau mich von hinten an und überreichte mir ein Plastikstäbchen. Sie sagte, dass sie sich lange überlegt habe, wie man so etwas an besten sage, aber es sei ja ganz egal, *wie* man es sage, weil das Ergebnis ohnehin feststehe. Und eines Tages, vielleicht noch nicht jetzt, würde ich mich bestimmt freuen. Ich musste nicht draufgucken, um zu wissen, dass es ein Schwangerschaftstest war. «Aber ich darf den Namen bestimmen», sagte ich. Allerdings war «Juli» dann doch die Idee meiner Frau.

Juli kann alles. Man sagt ihr: «Juli, jetzt hast du noch fünf Minuten Zeit, bis wir los müssen» – und Juli kann in dieser Sekunde anfangen, sich in ein Spiel zu versenken. Salz- und Pfefferstreuer können sich im Nu in ein Prinzenpaar verwandeln. Manchmal gibt es großen Ärger, wenn ihr Vater völlig unsentimental das Zeug vom Boden wegräumt und keinen Blick dafür hat, dass er gerade das Prinzenpaar auf dem Weg zur königlichen Hochzeit gekillt hat. Ich hielt sie halt für Salz- und Pfefferstreuer. In Julis Leben bin ich so eine Art Abrissbirne für Traumlandschaften. Ich bin der, der immer Stress macht, weil wir wohin müssen, weil sie ins Bett muss. Wo Papa ist, wird immer gemusst.

Deswegen setzt Juli meistens auf Mama. Das würde ich an ihrer Stelle auch tun. Mama ist eigentlich die wichtigste Person, für uns alle. Ich weiß noch, wie ich mich vor 15 Jahren schlagartig in diese hypnotisch blauen Augen verliebte und dass mir immer die Knie weich wurden, wenn wir uns unterhielten. Außerdem war sie sehr anders als die meisten Frauen, die ich kennengelernt hatte. Offen und ernsthaft und interessiert, gleichzeitig lachte sie sehr gerne und gerne auch über sich selbst. Sie war frei von eitlem Gehabe, reiste viel und war bei alledem bereit, sich für die wichtigen Dinge Zeit zu nehmen. Bis sie sich Zeit dafür nehmen konnte, fest mit mir zusammen zu sein, dauerte es drei Jahre. Eigentlich müsste man ein Buch über meine Frau schreiben. Aber das will sie ja leider nicht.

Es gibt natürlich Situationen, da ist Mama nicht da. Da ist Juli dann stark auf sich fokussiert. Sie hat ihre eigenen Probleme – Probleme, die auf der ganzen Welt nur Juli hat. «Papa, heute habe ich ein Lachproblem», sagte sie beispielsweise einmal: das Problem, dass sie den ganzen Tag lachen musste. Es war dann nicht viel auszurichten mit Mahnungen und nicht einmal mit Drohgebärden. Sie hatte halt ein Lachproblem, und sie zog das voll durch. Juli kann auch schwere Krankheiten haben. «Papa, ich brauche unbedingt eine Kratztablette», jammerte sie wenig später. Sie musste sich halt so viel kratzen. Und gegen so eine schlimme Krankheit muss es doch ein Medikament geben. Dass ich leider kein entsprechendes Medikament aufbieten konnte, machte sie so sauer, dass sie sogar vergaß, sich zu kratzen. Da haben die Großen schon alle Möglichkeiten der Welt, aber so etwas Sinnfälliges wie eine Kratztablette, das kann ihr Vater ihr offenbar nicht bieten.

Manchmal versuche ich mich in die Lage meiner Kleinsten hineinzuversetzen. Versuche die Dinge aus der Perspektive eines Menschen zu sehen, der den Erwachsenen in die Nasenlöcher gucken kann. Den Erwachsenen, in deren Welt alles hektisch und wichtig ist, immer etwas dirigiert wird und doch nichts klappt. Wenn ich mich lange genug darauf konzentriere, kann ich solche Momente etwas besser verstehen, zum Beispiel, als Juli mich versonnen anschaute und fragte – aus aufrichtigem, ehrlichem Interesse: «Papa, warum bist DU eigentlich der Bestimmer?»

PAPA IST DER OSTERHASE

F ür Kinder hat das Jahr ein klares Ordnungsprinzip: Feste, Feste, Feste. Am besten solche, bei denen es Geschenke gibt. Das erste große Fest im Jahr ist Ostern. Wie alle Feste muss es vorbereitet werden, denn was wäre ein Osterfest ohne gefärbte Eier?

Wenn ich darüber in Eltern-Kind-Zeitschriften lese, scheint das immer ein Riesenspaß zu sein. Wie überhaupt alle Arten von Eltern-Kind-Basteln offenbar ein Quell anhaltender Freude sind. Man lacht, pinselt, schmiert gemeinsam rum. Die Eltern haben in solchen Zeitschriften nie Sorge bei den Schmierereien, sie finden sie offenkundig sogar schön. Bei mir ist das anders. Als ich mich am Ostersamstag mit Juli zusammensetzte, um Eier bunt zu färben, hantierte ich mit den Schüsseln voll Eierfarben vorsichtig wie mit Schwefelsäure, immer voller Angst, die rote, blaue und grüne Soße könnte sich auf die Möbel ergießen. Und wie ich so auf Juli einredete, war ich ständig dabei, ihr den Spaß am Färben zu versauen, bevor sie überhaupt Gelegenheit hatte, ihrerseits etwas zu versauen. «Passauflassdashierjetztbloßnichteinfachdajetztsoreinplatschenachtungdukleckersthiermitderfarbepassdochauf!», sagte ich. Juli hätte allen

Grund gehabt, darüber nachzudenken, warum ihr Vater sich überhaupt mit ihr zum Eierfärben zusammenfand. Aber Juli dachte nicht darüber nach. «WARUM IST DAS NICHT GRÜN?», fragte sie vielmehr: «WARUM IST DAS NICHT GELB?» Die Ergebnisse der Färbeversuche verstimmten sie.

Ostereiermalen kannte sie bislang nur aus dem Buch «Die Häschenschule», wo die Eier in klaren Farben leuchteten. Dass, wenn man Ostereier in Wirklichkeit färbt, die Ergebnisse keineswegs so faszinierend ausfallen, war meiner Tochter schlecht beizubringen. Und auch dass, wenn man ein Ei zuerst in das rote, dann in das grüne Farbbad tunkt, das Ergebnis keineswegs ein rot-grünes Ei ist, fand nicht Julis emotionale Zustimmung. Nach einer halben Stunde hatten wir acht gefärbte Eier in herausfordernden Farbkombinationen: viel ocker, dunkelgrün und braun. Ich fand, das musste als Ergebnis hinreichend sein.

Meine Frau deckte den Tisch und versuchte, die von Juli gefärbten Eier dekorativ so zu drapieren, dass sie nicht das Missfallen unserer jüngsten Tochter erregen würden. Dann begab ich mich in den Hof, um die Schokoeier zu verstecken. Das muss man mit einer gewissen Hurtigkeit tun, denn gleich nach der Wiederauferstehung von Jesus Christus ist der zweite Glaubensgrundsatz, der an Ostern genährt werden muss, die Existenz des Osterhasen.

Ich war gerade dabei, einige Eier in einem Holzstapel im Hof zu drapieren, als mir beinahe eine dicke Ratte über die Finger lief. Ich ächzte vor Schreck auf. Das nun war ein echtes Problem. Bislang hatte ich gefürchtet, die Kinder aus dem vierten Stock des Vorderhauses könnten in den Hof stürmen und uns die Schokoeier klauen. Dass die eigentliche Gefahr Ratten sein könnten, hatte ich indes nicht bedacht. Schnell sammelte ich die ganzen Eier und Hasen wieder ein und ging stattdessen auf unsere Terrasse. Die war zwar kleiner als der Hof, und man konnte die Ostereier nur zwischen Blumentöpfen verstecken, aber wenigstens waren da keine Ratten. Man musste sich höchstens vor Elstern in Acht nehmen.

Gerade war ich in den letzten Zügen meiner Versteckaktion, da hörte ich jemanden hinter mir. Nichts Gutes ahnend, drehte ich mich langsam um. Es war Juli, die hinter mir im Schlafanzug stand. Unsere Blicke trafen sich.

«Papa ist der Osterhase!», jaulte sie auf.

In solchen Augenblicken hilft nur etwas, das ich nicht gut kann: «Ich bin nicht der Osterhase, so ein Quatsch.»

«Doch, du hast Eier versteckt!»

«Ich habe keine Eier versteckt.»

«Hast du wohl!»

«Hab ich nicht, ich ... hab nur geguckt, wo der Osterhase sie versteckt hat, damit ich sie selber haben kann.»

«Mama, Papa will die Ostereier klauen!», rief Juli empört und lief zurück ins Haus.

Ich starrte ihr hinterher. Das war zwar eine unehrenhafte Rolle, in die ich mich da hineinkatapultiert hatte, aber sie wirkte. Bei der anschließenden Ostereier-Suche erwähnte Juli die These, ich sei der Osterhase, kein weiteres Mal.

Was tut man nicht alles, um bei Kindern den Glauben

zu erhalten, all die coolen und schönen Sachen im Leben würden ihnen von wundersamen Fabelwesen beschert – und der andere nervige Kram von ihrem Vater?

KINDER UND AUTOS

Das Problem meiner Kinder ist nicht nur, dass ihr Vater kein Auto fährt. Nein, selbst wenn ich es könnte, stellt sich noch ein anderes Problem, für das auch keine Lösung in Sicht ist: Es ist unser Auto. Lotta wird in unserem Auto immer schlecht, sagt sie. Sie muss dann kotzen. Ich weiß nicht, ob sie sich wirklich schon mal darin übergeben hat, aber sie redet die ganze Zeit davon, in einer sehr überzeugenden Weise. Lotta muss nur in unserem Auto kotzen. Es ist der Geruch, fürchte ich. Unser Auto riecht wohl nach einem alten Wagen. Nach Staub, der sich in den Ecken festgesetzt hat, nach irgendwo vor sich hin rottenden Apfelbutzen.

Wir haben einen Mercedes, aber keinen Mercedes, wie man ihn heute beim Mercedeshändler bekommt. Es ist vielmehr ein Wagen, der irgendwo auf dem Weg zum Oldtimer stecken geblieben ist, ein Modell aus den 1990er Jahren. Er fährt noch zuverlässig, ist aber in keinster Weise präsentabel. Kein Auto, mit dem man angeben kann, aber auch kein Liebhaberwagen. Zumindest empfinden meine Kinder es nicht als Genuss, in diesem Wagen zu sitzen. Er ist ihnen sogar peinlich.

Insbesondere Greta sieht das Auto als einen untragbaren Zustand. Sie hätte gerne ein «richtiges» Auto. Ich frage mich manchmal, ob sie auch lieber einen «richtigen» Vater hätte. Aber ich habe mich noch nicht getraut, mit ihr darüber zu sprechen. Das Richtige ist bei Greta gerne mal gerade woanders. Bei den anderen Leuten. Bei den anderen Vätern mit den Vaterautos.

Unser Mercedes aber ist eindeutig ein Mutterauto. Ich habe noch keine Minute am Steuer verbracht, es ist meine Frau, die den Wagen fährt und pflegt – wobei: Gepflegt wird er eigentlich nicht so sehr. Im Fußraum sammeln sich leere Gummibärchentüten, die sich dort mit abgelaufenen Parkscheinen mischen. Die Fächer in den Türen sind voller Kaugummi- und Bonbonpapierchen. Der Fond des Autos ist ein ganz eigenes Reich, ein Ausläufer der Kinderzimmer, in dem sich Teile von Playmobilfiguren mit Schleichtieren zu nicht zu Ende gelutschten Lollis gesellen. Würde man all die Speisereste, die als Flecken in den Polstern kleben, zusammennehmen, ergäbe sich daraus eine komplette Mahlzeit. Nur selten wird hier aufgeräumt – am allerseltensten durch mich. Ich tue im Allgemeinen so, als hätte ich mit dem Fahrzeug gar nichts zu tun.

Gerade deshalb kam mir immer wieder der Gedanke: Warum versuche ich es nicht wenigstens? Was soll denn am Autofahren so schwierig sein? Und soll es das sein, was sich meine Kinder später von ihrem Vater merken: einen Typ, der sich weigert, vom Fahrrad abzusteigen und sich hinter das Lenkrad zu klemmen?

Könnte ich nicht auch der Vater sein, der samstags den Wagen wäscht und mit dem Staubsauger den Innenraum reinigt? Der mit seinen Kindern irgendwo vorfährt? Der sich vielleicht sogar am Steuer entspannen kann? Vage sah ich diesen Vater vor mir – und doch schien er mir noch weit, weit weg.

SMART DADDY

Wer Kinder nicht mit Motorengeräusch versorgen kann, der muss zumindest für die richtige Elektronik sorgen. Zu vier Töchtern gehören mindestens drei Smartphones. Und diese Geräte sind ein ständiger Quell von Auseinandersetzungen. Es geht los damit, dass man bestimmen muss, ab wann ein Kind ein Smartphone besitzen darf. Dann muss man der Fünfjährigen erklären, warum sie bitte schön nicht auch eines haben darf. Wenn man das Smartphone eingeführt hat, muss man plötzlich ein ganzes Gesetzbuch von Smartphoneregeln entwerfen. Das Smartphone darf nicht ins Bett. Das Smartphone darf nicht mit an den Tisch. Das Smartphone hat bei den Hausaufgaben nichts zu suchen. Man hat dieses Gerät im Haus, das das Leben einfacher machen soll, und mit einem Mal hat man mehr Regularien im Alltag als die EU Verordnungen kennt. Und kaum hat man sich über die Dos und Don'ts und Screentimes geeinigt, dann soll es schon wieder ein neues Smartphone sein.

Lotta wollte schon lange ein neues Handy. Dabei besaß sie doch schon eins. Selten können Dinge mich so aufregen wie neue Handys. Was sollte das? Lottas Gerät funktionierte einwandfrei. Es hatte etwa tausendmal so viel Speicherplatz wie mein erster Computer. Und mit dem habe ich damals meine ersten Artikel geschrieben, ich verdiente damit mein Geld, verdammt. Lotta aber chattet. Sie chattet die ganze Zeit mit ihren Freundinnen.

Der meiste Platz auf einem Smartphone-Speicher, habe ich gelernt, geht für Chat-Protokolle drauf. Es ist zum Heulen: Da hat man einen Mini-Computer in der Hand, der intelligent genug wäre, eine Landung auf dem Mars zu steuern – und was machen wir damit? Wir schicken uns kleine Sprechblasen zu. Nicht einmal Wörter. Ein typischer Chat-Verlauf geht bei Lotta etwa so:

– «Hi!»
– «Heiii!»
– Herzchen
– Smiley
– Herzchenaugensmiley
– «So langwlg»
– Smiley, mit hängenden Mundwinkeln
– «Was geeeht?»
– Scheißhaufen-Emoji
– Tränen lachender Smiley

Das geht stundenlang so. Ich weiß nicht, ob schon jemals ein vollständiger Satz über den Klassenchat meiner Tochter gelaufen ist. Auf jeden Fall keiner, der mit korrekten Satzzeichen versehen gewesen wäre. Oder mit einer irgendwie gearteten Rechtschreibung. Rechtschreibung ist für Kinder heute so etwas wie Altgriechisch. Eine Kunst, die Menschen beherrscht haben, die schon lange tot sind. Man kann es in der Schule üben, und es gibt Noten dafür. Man kann sich im Leben aber keine Situation vorstellen, in der man dieses Wissen einmal anwenden könnte.

Ich merke an mir selbst, dass ich in der Kommunikation mit jüngeren Menschen absichtlich die Rechtschreibung vernachlässige. Wer in einer Mail zum Beispiel das große Du für die Anrede wählt, der macht sich verdächtig, noch in Sütterlin-Schrift zu schreiben. Es wird nicht lange dauern, dann wird man Rechtschreibung als anmaßend oder als Mikro-Aggression werten. Ich möchte lieber als nett wahrgenommen werden und schreibe deswegen Freestyle.

Lotta sagte also, ihr Handy sei «Schrott». Das stimmte aber natürlich nicht. Ich kann es nicht leiden, wenn man Dinge, nur weil sie nicht mehr einwandfrei funktionieren, gleich als unrettbar verloren bezeichnet. Vor allem ärgere ich mich, wenn man einen Mikrocomputer behandelt wie einen Baseball, um dann zu konstatieren, das Gerät sei das Problem und nicht der Umgang damit. Wenn man sich anschaut, was das Smartphone in der Obhut meiner Tochter ertragen musste: ständige Stürze, Feuchtigkeit im Bad, Hitze und Druck, weil sie das Handy immer in die Potasche ihrer Jeans klemmte: Lotta hätte damit nur noch rüder umgehen können, indem sie den Apparat gesprengt hätte.

Das Ergebnis der monatelangen Torturen durch meine Tochter war, dass der Home-Button, also der große Knopf, mit dem man das Gerät aktiviert und zum Hauptmenü zurückkehrt, abgefallen war, das Display einen Sprung hatte und der Touchscreen nicht mehr richtig reagierte. Für Lotta der klare Fall, dass sie ein neues Handy brauchte. Sogar meine Frau neigte dazu, ihr zu-

zustimmen. Mit so einem Handy könne man nicht mehr herumlaufen. Ich hingegen meinte, dass in dem Gerät noch genügend funktionierende Elektronik stecke, um die Relativitätstheorie zu verifizieren, und dass ich ein Feind der Wegwerfideologie sei. Meine Frau ist grundsätzlich auch ein großer Befürworter von Recycling. Sie benutzt beispielsweise nie Plastiktüten. Sie läuft lieber mit einem ganzen Arm voller Waren vom Supermarkt nach Hause, als einfach eine Tüte zu nutzen. Abgelegte Kleidung wirft meine Frau grundsätzlich auch nicht weg, sie wird in Kisten gehortet, bis jemand kommt, der etwas braucht (was interessanterweise immer wieder passiert). Aber für ein altes Smartphone konnte sie offenbar nicht so viele Gefühle entwickeln.

Ich habe mal gelesen, dass in deutschen Schrotthandys mehr als zwei Tonnen Gold lagern. In Smartphonechips sind alle möglichen seltenen Erden verbaut, für die sich in Afrika Menschen in Bergwerken schinden. Ich meinte also, ein Smartphone sei ein Artikel, den man möglichst überhaupt nicht wegwerfen solle.

«Sondern?», fragte meine Frau.

«Sondern reparieren», erklärte ich.

Meine Frau schüttelte den Kopf, als wäre ich völlig übergeschnappt. Ihr Mann wollte ein Handy reparieren. Unglaublich.

Ein paar Wochen später konnte Lotta das Display ihres Handys dann gar nicht mehr bedienen. Das bedeutete, dass ihr Aktionsraum in der sozialen Welt so eingeschränkt war, als wäre sie geknebelt und gefesselt. Sie konnte keine Videos gucken, sie konnte nicht mehr mit ihren Freunden chatten. Sie konnte keine Musik auf

Spotify mehr hören. Es war vergleichbar mit einem *locked-in*: Dem Phänomen, bei dem Menschen in ihrem Körper eingeschlossen sind und nicht mehr mit der Außenwelt kommunizieren können.

Ich ging in Lottas Zimmer. Lotta lag auf dem Bett, die Gardinen waren zugezogen. Die Luft war so dick, dass ich mich nur langsam zu meiner Tochter durchkämpfen konnte. Sie starrte an die Decke, aus dem CD-Player quäkte eine alte Folge der Drei ???.

«Ich kann dir kein neues Handy geben, aber ich kann dein altes reparieren», sagte ich.

Lotta nickte schwach. Ich hatte also gewonnen.

Ich hielt es anfangs für durchaus machbar, so ein Handy zu reparieren. Offensichtlich war das Display samt Home-Button beschädigt. Man musste also nur das Display austauschen. Es gibt Hunderte Videos, die zeigen, wie man ein Display austauscht. Das ist nichts Besonderes. In der ganzen Welt werden ständig Displays ausgetauscht, und alles, was man dazu braucht, findet man im Internet. Dort gibt es Display-Repair-Kits mit allem Werkzeug und Drum und Dran.

Ich war zwar kein großer Tüftler. Doch schließlich musste man höchstens ein Gehäuse aufschrauben und ein paar Steckverbindungen lösen und eine Platine mit einer anderen Platine verbinden. Und wichtig war für mich, dass ich meiner Tochter zeigen konnte, dass man Dinge reparieren kann. Dass sie kaputtgehen können, wenn man sie schlecht behandelt, und dass sie wieder funktionieren, wenn man es richtig macht. Und dass ihr Vater jemand ist, der alles richten kann.

Nun hatte ich also einen Reparatur-Kit aus dem Netz

vor mir. Es war alles schon dabei, auch das Werkzeug. Das Wichtigste war ein kleiner Schraubendreher, Pentalob genannt, mit dem sich die sternförmigen Schrauben an der Unterseite des iPhones lösen ließen. Apple macht es einem nämlich, in weiser Voraussicht solcher Typen wie mir, nicht so einfach, das Handy zu öffnen. Typen wie ich, die am Ende ohnehin alles versauen, sollten besser die Finger davon lassen, so der Subtext. Wahrscheinlich hatte die Forschung ergeben, dass die meisten bereits von ihrem Vorhaben ablassen, sobald sie eine Schraube sehen, die nicht mit einem Schraubendreher aus dem Werkzeugkasten zu bewegen ist. Mag sein – aber mich hielt man nicht so simpel auf. Ich würde Lottas Handy von einem Altgerät in ein Topgerät umbauen können. Dann wäre ich zwar noch kein Autolenk-Vater, aber immerhin ein Technik-Crack-Vater. Lotta würde zu ihrer Freundin sagen können: «Guck mal, das hat mein Vater gemacht, er hat es repariert, könnte das dein Papa auch?» Sie würde sehr stolz sein.

Ich rief Lotta zu mir, sie sollte dabei sein, wenn ihr altes iPhone wie ein Phönix aus dem Elektroschrotthaufen wiederauferstehen würde. Lotta kauerte sich etwas ergeben neben mich an den Tisch. Feierlich setzte ich den Fünfkant-Schraubendreher an, leider drehte sich die Schraube gar nicht. Nichts bewegte sich. Ich war mir plötzlich nicht so sicher, ob das die richtige Schraube sein konnte. Und hatte sogleich Angst, dass ich sie durch unsachgemäße Behandlung zerstören könnte. Ich sah schon den Mann vom Handyreparatur-Service vor mir, der sagen würde: «Wie, Sie haben versucht, das selbst zu öffnen? Sie Wahnsinniger!»

Lotta sagte, sie müsse jetzt leider Klarinette üben. Das sagt sie immer, wenn sie sich aus einer Situation befreien möchte. Wer kann es einem Mädchen schon verwehren, wenn es Klarinette üben möchte? Nun waren da nur noch wir beide. Ich und das Gerät.

Warum sich jene Schraube letztlich doch noch löste, konnte ich nicht nachvollziehen. Sie löste sich einfach. Plötzlich fiel sie raus und machte nicht einmal pling, als sie irgendwohin verschwand.

Die zweite Schraube löste sich einfacher. Das Gehäuse ließ sich tatsächlich öffnen. Nun lagen die Innereien des Handys vor mir. Aber irgendwie war alles anders als im Lehrvideo: Die Steckverbindungen lösten sich nicht, Platinen ließen sich nicht abschrauben. Nach einer Weile war meine letzte Vorsicht dahin. Ich dengelte die Teile halt irgendwie ineinander. Als ich fertig war, blieb ein Spalt von einem halben Millimeter zwischen Gehäuse und Display, sosehr ich auch versuchte, die Teile ineinanderzupressen: Das Display bog sich bedrohlich.

Da stand Lotta vor mir. «Und, Papa, hast du es geschafft?», fragte sie.

«Klar, hier ist es!», sagte ich und reichte ihr das Gerät.

Sie schaute es etwas fragend an, das Ding sah aus wie ein Club-Sandwich mit zu viel Belag. Lotta versuchte, es anzuschalten, es funktionierte zu meiner großen Erleichterung. Das Display leuchtete auf.

«Yay!», sagte Lotta. Und dann sagte Lotta: «Papa, das Ding funktioniert leider immer noch nicht. Ich kann überhaupt keine Apps antippen.»

«Was?»

Nun war ich bei Lotta in der Pflicht. Ich musste es

schaffen, dieses alte Gerät zu reparieren, oder ich würde alle Illusionen meines Kindes zerstören, dass Papa die Welt in Ordnung bringen kann. Ich hatte nun ein funktionierendes Display und ein schadhaftes Gerät. Zur Reparatur bräuchte ich also ein funktionierendes Gebrauchtgerät mit kaputtem Display – schon würde ich beides zu einem wunderbaren neuwertigen Handy zusammenfügen können.

Ich ersteigerte im Internet ein entsprechendes iPhone mit Display-Schaden. Irgendein verzweifelter Vater wird es dort angeboten haben, der eine Tochter hatte wie Lotta. Das Gerät war zwar nicht weiß, sondern grün, aber das störte ja wohl nicht. Schrottgeräte sind günstig zu haben. Obwohl – so günstig nun auch wieder nicht. Als das Ding wenige Tage später in der Post war, registrierte ich: Ich hatte für Ersatzteile und Repair-Kits mittlerweile mehr ausgegeben, als ein gebrauchtes Austauschgerät gekostet hätte. Aber hier ging es um die Vaterehre, da durfte man nicht kleinlich sein. Ich würde noch Hunderte von Euro in den Rachen dieses Monstergeräts werfen, wenn ich es dann nur mit meinem kleinen Schlitzschraubenzieher niederstichen könnte.

Dieses grüne Handy lag vor mir wie ein Lindwurm, sein hochgeklapptes Display wirkte auf mich wie ein Schlund, der mich vertilgen wollte. Es gab jetzt nur noch uns. Das Gerät hatte einen Schaden. Aber ich hatte Zeit. Ich dachte mir, dass das die Schlachten sind, die man als Vater heute kämpfen muss: Nahkämpfe gegen Elektroschrott. Ich griff mir den Pentalob. Und stürzte mich auf das Monster.

Beim zweiten Reparaturversuch stellte ich mich

wesentlich besser an. Ich war ruhig, konzentriert und effektiv. Keine Schraube flog weg, alles passte. Das Gerät sah top aus. Wie neu. Voller Stolz präsentierte ich meiner Tochter das reparierte Handy.

«Aber Papa», sagte sie: «Das Ding ist ja ... grün.» Und sie sah aus wie die Prinzessin aus dem Märchen vom Froschkönig, als sie den alten Wasserpatscher erblickt.

«Ja, das ist grün», sagte ich und wurde etwas ärgerlich und gleichzeitig unsicher. Ich hatte erwartet, dass meine Tochter mir um den Hals fallen würde, überglücklich, von ihrem Offlinedasein erlöst worden zu sein, das so quälend war, dass sie sogar «The Hate U Give», ein Buch von Angie Thomas, gelesen hatte. Sie hatte ihr Zimmer dekoriert und war laufen gegangen. Sie hatte «My Heart will go on» auf der Klarinette einstudiert. Sie hatte sich also in so eine Art Teenager verwandelt, wie Väter sie sich wünschen. Hätte ich ihr das Handy noch etwas länger entzogen, dann wäre sie vielleicht noch in die Big Band der Schule eingetreten. Nun aber hatte ich ihr das Instrument in die Hand gegeben, das sie binnen kürzester Zeit wieder zu einer im Sofa hängenden Wurst machen würde – und sie dankte es mir überhaupt nicht. Sie sah eher so aus, als würde sie damit kämpfen, sich zu übergeben. Ihr Gesichtsausdruck machte mich nachdenklich. War Grün etwa nicht cool? Ich überlegte, ob mir irgendein cooler grüner Gegenstand einfiel.

Als ich in Lottas Alter war, war es cool, neongrüne Schnürsenkel in den Turnschuhen zu haben. Und war der Shrek nicht auch cool? Und der Hulk? Und Kermit der Frosch? Mir fiel der Kaktus ein, der bei Lotta auf dem Fensterbrett stand. Ich wusste aber nicht, ob Lotta überhaupt wahrgenommen hatte, dass dort ein Kaktus stand. Ich hatte ihn mal dort hingestellt, glaube ich, weil auf dem Klavier kein Platz war.

«Aber dein Kaktus ist doch auch grün», sagte ich kleinlaut.

«Was'n für'n Kaktus?», fragte Lotta. Offenbar hatte sie ihn nicht registriert. Wäre er cool, wäre er ihr wohl aufgefallen.

Mir fiel ein: «Hey, Gretas Zimmer ist grün gestrichen! Du hast gesagt, das sähe voll cool aus.»

«Gretas Zimmer ist MINT. Mint ist cool – aber das Handy hier hat 'ne Farbe wie ...» Lotta schien nach einem Vergleich zu suchen, der schrecklich genug war. «... wie die Pausenbrotdose von so 'nem Schulstreber.»

«Was? Ein Schulstreber?»

«Ja, Grün ist einfach eine Streberfarbe, nur Streber tragen Grün. Grüne Jacke, grünes Federmäppchen, grüner Rucksack ... Es gibt überhaupt niemanden, dem Grün steht.»

Da hatte Lotta natürlich grundsätzlich recht. Aber sie sollte das Handy ja auch nicht anziehen, verdammt, sondern damit höchstens telefonieren.

«Die Farbe ist ja wohl nicht so wichtig», sagte ich ihr. «Dieses Handy kann alles, was dein altes Handy auch konnte. Bei deinem alten Handy hat der Home-Button gefehlt, und die Scheibe war gesplittert, dein altes Handy war Schrott, hast du ja selbst gesagt.»

«Ja, aber die Splitter waren nicht GRÜN», sagte Lotta.

Warum Lotta lieber mit einem Scherbenhaufen als mit einem froschgrünen Handy durch die Welt gehen wollte, verstand ich nicht. Und ich wollte es auch nicht verstehen. Meine Tochter sollte mich als Helden feiern und nicht wegen der falschen Kolorierung ihres Smartphones dissen. Was bildete das Kind sich eigentlich ein?

«Du nimmst jetzt sofort dieses Handy! Und benutzt es verdammt noch mal auch! Wehe, wenn ich dich dabei erwische, wie du das Handy nicht benutzt! Meinst du, ich schlag mir hier die Nächte um die Ohren, damit du dann ... irgendwas anderes machst?»

Etwas verschüchtert nahm Lotta das Handy. Und sagte kaum vernehmbar: «Danke, dass du es repariert hast.»

Ich gab ein knurrendes Geräusch von mir. Ich hatte mich mal wieder durchgesetzt.

Später schaute ich heimlich durch den Türschlitz von Lottas Zimmer und sah, dass sie auf dem Sitzsack lümmelte und mit WhatsApp chattete. Ich war sehr zufrieden mit mir. Das WhatsApp-Logo ist doch auch grün, dachte ich mir, sie wird sich daran gewöhnen.

Aber Lotta gewöhnte sich nicht an das grüne Handy. Sie steckte es in ihre Tasche. Aber sie holte es selten heraus. Ich hatte Lotta sonst nie ohne ihr Handy gesehen. Nun war sie darauf nicht mal mehr erreichbar. Ich klingelte sie an, aber das Signal verhallte irgendwo. Zuvor war Lotta mit ihrem Smartphone zusammengewachsen, jetzt wollte sie nichts mehr damit zu tun haben. Ich hätte ihr auch eine Scheibe Zwieback aushändigen können. Konnte ein Farbton wirklich so viel ausmachen?

Langsam dämmerte mir: Lotta verbarg ihr Handy, weil sie sich in ihrer Klasse nicht unmöglich machen wollte. Ein Handy ist eben kein Elektrogerät mehr, sondern eine Art Personalausweis. Das Handy erzählt deine Geschichte. Und die Geschichte von Lotta war jetzt nun mal froschgrün.

Erst spät verstand ich, was ihr eigentliches Problem war: als Lotta mir ein paar Selfies mit ihren Freundinnen zeigte. Es waren Spiegelselfies, also Selbstaufnahmen, die man im Spiegel macht. Ein Spiegelselfie ist keine zufällige Sache, sondern ein aufwendig komponiertes Gemälde, so wie von einem alten Meister aus dem 15. Jahrhundert. Jede Geste, jede Haltung hat eine besondere Bedeutung. Ein Spiegelselfie, sagte Lotta, bestehe aus einer Hauptperson und einem Sidekick. Die Hauptperson steht im Mittelpunkt, wird aber vom Sidekick erst wirklich in Szene gesetzt. Kleidung spielt eine wichtige Rolle. Und natürlich auch das Setting. Das Setting muss entweder zufällig wirken oder diffus sein. Keinesfalls darf man auf den ersten Blick erkennen, wo sich die Szene abspielt, und noch weniger soll es so aussehen, als sei man absichtlich in die Kulisse gezogen, um ein Bild zu machen (was natürlich in Wirklichkeit der einzige Grund ist). Ein modernes Spiegelselfie ist nicht weniger aufwendig als ein mittelprofessionelles Fotoshooting. Kostüme, Props, Licht – alles muss bedacht werden. Nachher (und «nachher» heißt, nach hundert Versuchen) muss es aber so wirken, als hätten zwei verrückte Hühner ein paar alberne und durchgedrehte Bilder gemacht.

Lotta zeigte mir ein Spiegelselfie von sich und einer Freundin. «Ich bin der perfekte Sidekick», sagte sie: «Alle wollen sie Spiegelselfies mit mir machen.» Das Setting war hier eine Umkleidekabine bei Zara, Lotta und ihre Freundin hatten Oversize-Shirts an, die man auch als Minikleider tragen könnte. Lotta legte den Kopf lässig auf die Schulter ihrer Freundin und guckte mit einem kaum angedeuteten Lächeln in die Kamera, also in den Spiegel. Lotta legte ihrer Freundin den Arm um die Schulter und zwinkerte schelmisch wie auf einer Plakatwerbung der 1970er Jahre. Lotta beugte sich vor, dass die Haare flogen, und machte einen Kussmund. Das Eigenartigste aber war die Freundin, die das Smartphone hielt und damit das Spiegelbild fotografierte. Sie stand nie frontal zum Betrachter, sondern stets leicht seitlich abgewandt, den Kopf etwas schräg. Mit einer manieriert grazilen Geste hielt sie das Smartphone. Man sah nie das Gesicht, es war von einem silbrig schimmernden Smartphone verdeckt wie von einem antiken Fächer.

Mir wurde klar: Ein Handy darf nicht irgendeine Farbe haben, damit man schöne Spiegelselfies damit machen kann. Denn um nicht der Sidekick zu sein, sondern selbst die Hauptfigur, braucht Lotta ein Handy vor dem Gesicht, das edel aussieht. Vielleicht in gebürstetem Silber oder auch Weiß. Aber nicht Grün. Ein grünes Handy vor dem Gesicht sieht nicht anmutig aus, sondern so, als würde sich eine Heuschrecke an der Nase festklammern. Ich hatte die Schuld daran, dass meine Tochter mit ihrem Handy keine Spiegelselfies machen konnte. Ich begriff, dass Lotta nun dringend ein neues Handy brauchte. Ich fand es im Internet. Ein iPhone 6 S in Gold.

Das Gerät war nach ein paar Tagen da. Es war gebraucht, sah aber so gut wie neu aus. Als ich es Lotta gab, schienen sich für sie Himmel und Erde zu vereinigen. Sie drückte mich so fest, dass ich das Gefühl hatte, sie bräche mir das Kreuz. Es ist so einfach, Glück auf Erden zu verbreiten, verschenkt einfach mehr iPhones, eure Kinder werden euch mehr lieben und achten, und die Welt wird ein besserer Ort werden!

Das neue Gerät sah tatsächlich so hübsch aus, als könnte es den ganzen Tag Selfies von sich selbst machen. Es war vorne weiß und hinten gülden wie das Goldene Vlies. Lotta trug es den ganzen Tag mit sich herum wie eine Mutter ein Neugeborenes. Immer wieder verzückt daraufschauend, unsicher, ob mit einer falschen Bewegung nicht etwas kaputtginge, ungläubig, welch kleines Wunder sie da betrachtete.

Drei Tage später war Lotta am Boden zerstört. Sie weinte und weinte. Ich konnte kaum herausfinden, was passiert war. Ich musste die Silben zwischen Schluchzlauten zusammensetzen.

«Meine ... Jacke ... war dreckig ... geworden. ... Da wollte ... ich sie ganz schnell waschen und ... hab ... sie in die Maschine gesteckt ...»

«Ja ... ist sie denn nicht sauber geworden?»

«Doch – das Handy war aber auch noch in der Jacke.»

Aber sagte ich nicht schon, dass man sich bei seinen Kindern beliebt machen kann, indem man ihnen ein neues Handy schenkt? Das kann man eigentlich gar nicht oft genug tun.

DIE ZAHNFEE

Das Schöne daran, mehrere Kinder zu haben, ist, dass man sich, wenn einen eine Angelegenheit gerade überfordert, immer noch einem anderen Problem widmen kann. Mikroelektronische Bauteile sind schwierig. Milchzähne sind einfach.

Ich erwarb für Juli ein Döschen aus Holz, auf dem kleine Feen abgedruckt waren. Ich hatte es in einer Apotheke gesehen, wo es neben der Kinderzahnpasta angeboten wurde.

«Was ist denn das für ein Döschen?», fragte Juli.

«Das ist für deine Zähne.»

«Meine Zähne sind im Mund, Papa, die kann ich doch nicht in die Dose tun.» Juli musste glucksen bei der Vorstellung, das war zu lustig.

Ich wollte ihr lieber nicht erklären, dass es tatsächlich viele Menschen gibt, die ihre Zähne abends aus dem Mund nehmen. «Das ist für deine Wackelzähne», sagte ich.

«Oh!», Julis Gesicht hellte sich auf: Von den Wackelzähnen hatte sie schon gehört.

Ich selbst habe sehr oft in lachende Mädchenmünder geblickt, aus deren Zahnfront ein Zahn herausstach, der reichlich blutig war und nur noch an einem Faden hing, während eine Kinderzunge vergnügt mit ihm spielte. Der Anblick erinnerte ein bisschen an eine Geisterbahnfigur. Ein Kindergebiss hat zwanzig Zähne, also hatte ich bisher sechzig Zähnen beim Ausfallen zugeguckt. Sie alle wurden mir auf blutfleckigen Taschentüchern präsentiert, mit der Bitte, unbedingt auf sie aufzupassen. Sie alle tat ich an einen sicheren Ort. Sie alle verschwanden irgendwann. Wie froh war ich nun, so ein Döschen gefunden zu haben. Darin würden wir Julis gesamte Zähne sammeln, damit sie später noch ihren Enkeln ihren ersten Zahnsatz würde präsentieren können.

«Da können wir meine Zähne für die Zahnfee reintun!», jubelte Juli.

Ach ja, die Zahnfee, die war ja auch noch da. Sie ist die große Schwester von der Schnullerfee. Wenn man seinen ersten Zahn verliert, dann muss man ihn unter ein Kopfkissen legen, und am nächsten Morgen hat die Zahnfee ihn durch ein kleines Geschenk ausgetauscht. Bei Luna hatte das gut funktioniert. Als Lotta hingegen ihren ersten Zahn verloren hatte, fand sie ihn so wertvoll, dass sie ihn nicht tauschen wollte. Was sollte da schon Adäquates unter ihrem Kopfkissen liegen? Ein Fahrrad? Greta wiederum hatte sich vorgestellt, dass jeder Zahn mit einem Geschenk quittiert würde, und fand die Zahnfee geizig, als sie nicht zuverlässig ihre zwanzig Milchzähne in Zahlung nahm.

Und Juli wartete nun auf ihren ersten wackelnden Zahn. Aber er kam nicht. Die meisten Kinder verlieren mit sechs den ersten, Juli hatte noch Zeit. Aber Juli war durchaus nicht der Meinung, dass sie noch Zeit hatte.

«Papa, wackelt der Zahn jetzt?»

Ich prüfte vorsichtig mit dem Finger. «Nein, der ist noch schön fest.»

«Ich brauche aber einen Zahn für mein Döschen! Und für die Zahnfee!»

Manchmal beobachtete ich Juli, wie sie sich mit den Fingern an den Zähnen ruckelte, um ihr Gebiss zum Wackeln zu bringen. Oder sie fragte uns: «Was kann man denn machen, dass einem die Zähne ausfallen?» Die Antwort «am besten gar nichts» war für sie nicht befriedigend. Schließlich wollten ihre Eltern sonst auch dauernd, dass sie etwas tat: Schuhe anziehen, Teller auslöffeln – immer war «Jetzt mach mal!» die Ansage. Und nun, wo sie bereit war, sollte nichts gemacht werden? Unglaubwürdig.

Eines Morgens lag Juli weinend im Bett. «Ihr müsst mich zum Arzt bringen!», schluchzte sie. Wir waren sehr besorgt: warum zum Arzt? «Damit er mir eine Zahnwackeltablette gibt. Bevor die Zahnfee weg ist!»

Wir versuchten sie zu beruhigen, die Zahnfee sei eine sehr geduldige Person. Ich fragte mich nebenbei, wo eigentlich die ganzen anderen Zähne meiner Töchter hingekommen waren, jene sechzig Stück. Vielleicht hatte die Zahnfee sie ja wirklich genommen. Vielleicht arbeitete sie mit der Dentalindustrie zusammen und lieferte sie als Grundmaterial für dritte Zähne. Und dann versuchte ich mich zu erinnern, wo ich eigentlich Julis Zahndöschen hingetan hatte.

Es war verschwunden.

KLEINE GEBURTSTAGE

Bei Greta war es dieser Tage schwierig, mich beliebt zu machen. Denn Greta musste zu einem Kindergeburtstag. Und ich konnte sie dort nicht hinfahren, aus bekannten Gründen. Ich hatte Greta angeboten, sie mit öffentlichen Verkehrsmitteln zu begleiten. Da hatte sie nur die Augen verdreht, gestöhnt und war abgezogen, um sich in ihrem Zimmer mit einem Hörbuch von Harry Potter zu verbarrikadieren.

Ich kann sagen, dass mein Leben im Wesentlichen aus dem Absolvieren von Kindergeburtstagen besteht. Meine Frau und ich müssen pro Jahr vier davon veranstalten, und fast jedes Wochenende begleiten wir eines der Kinder zu irgendeiner Feier. Manchmal wünschte ich, die Kinder hätten weniger Freunde, dann gäbe es auch weniger Geburtstagseinladungen.

Ich erinnere mich an meine eigenen Kindergeburtstage. Meine Eltern machten stets viel Aufwand, mal schneiderten sie mit den Kindern Indianerkostüme, mal hatte mein Vater einen Haufen Abfall-Sperrholz besorgt, mit dem die Kinder die kreativsten Dinge schreinern konnten. Noch heute staune ich, wie sie es schafften, das eigentliche Fest in den Kopf der Kinder zu verlegen. Meine Eltern hatten einen besonderen Respekt vor der kindlichen Phantasie, in der Dinge stets größer, wilder, monumentaler und erstaunlicher sind als in der Wirklichkeit.

Seit ich selbst Kinder habe, versuche ich, diese Geburtstage irgendwie nachzufeiern. Aber da ich sie als Kind erlebt habe, ist mir dies natürlich unmöglich. Sie bleiben unerreicht.

Immer wieder rufe ich mir in Erinnerung, wie einfach es sein kann, Geburtstag zu feiern. Heute sind Geburtstage ja möglichst spektakuläre Veranstaltungen an spektakulären Orten. Und Geschenke spielen eine große Rolle. Wozu gibt es Amazon-Wunschlisten? Auf denen lässt sich bequem eintragen, was der Augenstern sich wünscht. Dann sind auch nervige Fehlkäufe ausgeschlossen. Solche Wunschlisten sind zwar angeblich nur als «Inspiration» gedacht oder sollen denen «helfen», die nicht wissen, womit man dem Goldkind eine Freude machen kann. Man möchte aber keinesfalls der sein, der die in Leinen gebundene Ausgabe von «Karlsson vom Dach» als Geschenk besorgt hat, wenn auf der Wunschliste doch eindeutig «Gregs Tagebuch Band 13» stand. «DAS HAB ICH MIR DOCH GAR NICHT GEWÜNSCHT» ist ein vernichtender Satz, dem man dem eigenen Kind als Geburtstagsgast nicht zumuten möchte. Also klickt man sofort auf den Link der Einladungsmail und ordert bei Amazon, was dort steht, denn wenn man zu spät kommt, dann ist nur noch der Star-Wars-Lego-Bausatz für 39 Euro übrig. Besser, wenn man irgendeine CD erwischt.

Früher war ein Geburtstag eine Angelegenheit, bei der

man das Kind zu einem bestimmten Zeitpunkt irgendwo hinbrachte und am Abend wieder abholte. Manchmal gab es für die Eltern, die abholten, noch ein Glas Sekt. Heute feiert man hingegen Zwei-Stunden-Geburtstage. Man fährt mit dem Kind eine Stunde an einen coolen Ort, um es dort abzugeben. Das Kind nimmt dann zwei Stunden an einer Geburtstagsmaßnahme teil: einen Tanz in einer Tanzschule einüben, auf Trampolinen springen oder andere Kinder mit Paintball-Farbkugeln beschießen. Währenddessen warten die Eltern draußen. Es lohnt sich leider nicht, während dieser zwei Stunden irgendwo anders hinzugehen. Also hängt man in Foyers und Vorräumen ab und versucht irgendwie die Zeit totzuschlagen. Wenn man das Kind dann wieder in Empfang genommen hat (und dann auch schnell gehen muss, weil das gebuchte Zeitfenster schließt), hat man einen halben Samstag als Geburtstagsbegleitung zugebracht.

Gleichzeitig betrachte ich die heutigen Geburtstage mit großem Interesse, denn sie sind die hohe Kunst der Selbstdarstellung. Sie sind für Eltern in etwa das, was damals für die russische KP-Führung die Parade zum 25. Oktober war. Man bietet alles auf, was man hat. Man kann die beste Unterhaltung, die besten Ideen, die beste Laune, das beste Essen bieten – und ist nachher der Beste eben.

Deswegen arbeite ich selbst akribisch an Geburtstagen, besonders an Kitakind-Geburtstagen. Am wichtigsten ist hierbei das Kasperle-Theater. Dazu muss Opas altes Eichenholz-Puppentheater aus dem Keller geschleppt werden. Die Figuren stammen ebenfalls noch aus Großvaters Zeiten. Mit geschnitzten Figuren

Theater spielen zu können ist natürlich eine wunderbare Sache, und auch für nicht mehr ganz kleine Kinder ist es noch ein großer Spaß, das Spiel zu verfolgen. Die Handlung wird dabei nur wenig variiert. Kasperle betritt die Bühne und begrüßt die Kinder. Dann singt man zusammen für das Geburtstagskind. Kasperle muss auf einen Schatz, einen Geldsack, aufpassen. Aber er quatscht so lange auf die Kinder ein, bis ihm das Krokodil den Schatz stiehlt. Kasperle wendet sich an den Schutzmann (es ist tatsächlich eine Polizistenfigur aus Kaisers Zeiten), der beruhigt Kasperle und schickt ihn erst einmal weg. Dann versucht er von den Kindern eine Täterbeschreibung zu bekommen, versteht aber nur Bahnhof. Nachdem der Polizist unverrichteter Dinge abgezogen ist, entdeckt Kasperle das Krokodil durch einen Zufall und prügelt es fürchterlich, bis es den Schatz loslässt und abhaut. Vorhang, Applaus.

Was haben die Kinder gelernt? Männer reden zu viel. Staatsorgane versagen. Konflikte lassen sich mit Gewalt lösen.

Neben dieser Darbietung hat bei uns jeder Geburtstag ein Motto, etwa Indianer oder Olympia. Und es gibt Spiele. Die beliebtesten Spiele sind Stopptanz und die Reise nach Jerusalem (ich weiß gar nicht, ob man das noch «Die Reise nach Jerusalem» nennen darf, vermutlich nicht). Zum Abschied gibt es eine Tüte mit Gummibärchen und Kaubonbons. Das mögen alle Kinder. Wenn dann die Eltern kommen, um ihre Kinder abzuholen, sollen diese verdammt noch mal erzählen, wie toll der Geburtstag war. Denn ein Geburtstag, von dem nicht erzählt wird, ist gar keiner.

Allerdings hat unser Geburtstagsdesign ein Problem: Ich mache es so schon seit etwa fünfzehn Jahren. Seit ich Lunas erste Kleinkindgeburtstage feierte. Die Zeiten ändern sich aber. Als mein erstes Kind geboren wurde, war ich wie gesagt ein sehr junger Vater. Bei Lotta und Greta war ich ein normal alter Vater. Aber für Juli bin ich überhaupt kein junger Vater mehr. Es ist das erste Mal so, dass alle anderen Eltern etwa zehn Jahre jünger sind. Das Hauptproblem dabei ist: Die jungen Eltern haben mittlerweile andere Maßstäbe.

Einmal luden wir zu Julis Geburtstag eine Handvoll Kinder ein. Zu meiner Überraschung wollte keine der Mütter, die ihre Kinder gebracht hatten, wieder gehen. Sie blieben auf dem Sofa sitzen, und als ich ihnen sagte, sie könnten sich jetzt ruhig einen schönen Nachmittag machen, weil wir ja auf ihre Kinder aufpassen würden, merkten sie an, dass das ohnehin nicht gehe, weil die Kinder dann sofort anfangen würden zu weinen. Sie bräuchten die elterliche Nähe. In Wahrheit wollten sie die Kinder nur nicht mit mir alleine lassen. Wie ich feststellen sollte, aus gutem Grund.

Das Kasperle-Theater fanden die Mütter wenig überzeugend. Es waren wohl zu viele Geschlechter-Stereotype darin, außerdem wurde ein Tier geschlagen. Als dann die Spiele losgingen und ich den Kindern sagte, es werde eine Olympiade geben, merkte eine Mutter an, dass man doch die Kleinen erst mal zur Ruhe kommen lassen und sie nicht mit ständigen neuen Aufgaben überlasten solle. Man muss dazu sagen, dass sich die Mütter keineswegs selbst engagierten. Sie saßen nur wie die Preisrichter bei einer Talentshow auf dem Sofa.

Ich spielte mit den Kindern ein Spiel und fühlte mich dabei, als müsste ich vortanzen. Ich hatte einen Fruchtgummi-Wurm an eine Schnur gebunden, und die Kinder mussten versuchen, ihn mit dem Mund zu erwischen und abzuknabbern. «Müssen die Kinder noch mehr Zucker heute essen?», fragte eine Mutter besorgt. Von da an fühlte ich mich wie gelähmt. Ich hatte vergessen, dass Zucker heute als so etwas Ähnliches wie Glyphosat gilt.

Oje: Wie viel Zucker enthält der Orangensaft? Ist die Nudelsoße zum Abendessen überhaupt aus Biotomaten? Bei der Reise nach Jerusalem fand eine andere Mutter nicht gut, dass es dabei Gewinner und Verlierer gab. Sie sagte das so: «Oh, da gibt es aber viele Verlierer bei dem Spiel, das ist aber nicht so schön für die Kinder, oder?» Währenddessen räumte meine Frau panisch den Großteil der Süßigkeiten aus den Abschiedstüten.

Diese nahmen die Mütter am Abend mit starrem Lächeln entgegen. Ein kleiner Junge weinte plötzlich, er konnte seine Tüte nicht mehr finden. Die Mutter drängte ihn zum Gehen. Ich packte ihm schnell eine neue Tüte und überreichte sie dem Kind, damit es aufhörte zu weinen. Das Gesicht der Mutter war eingefroren wie das der Eiskönigin. Später fand ich heraus, warum der Junge geheult hatte. Seine Mutter hatte seine süße Tüte hinter einem Sofakissen versteckt.

Ich stellte mir vor, wie diese Mutter ihrem Ehemann entgeistert beim Abendessen erzählte, in was für einen schrecklichen Haushalt ihr Sohn entführt worden sei. Mit was für schrecklichen Menschen, die sich keinen anderen Geburtstag vorstellen können als einen, wo die

Kinder durch die Gegend gescheucht werden wie beim Militär und anschließend mit Zucker vollgestopft werden. Was für furchtbare alte Menschen, würde ihr Mann ihr beipflichten. Da lassen wir unseren Jungen besser nicht mehr hin, das ist kein guter Umgang dort. Das arme Kind, das bei denen aufwachsen muss!

Ich habe den Jungen tatsächlich nie wieder bei uns gesehen. Es war der schlimmste Kindergeburtstag meines Lebens. Ich glaube, Juli fand ihn nett. In der Phantasie von Kindern ist ja alles immer schöner.

GROSSE GEBURTSTAGE

Die Eltern, die ihr Kind auf Julis Geburtstag misshandelt wähnten, werden erst in etlichen Jahren einen 17. Geburtstag zu feiern haben. Ich hatte das Vergnügen schon. Ich kann sagen: Wenn ihre erste Sorge dann immer noch ist, das Kind könne etwas Schokolade oder Schaumzucker zu sich nehmen, wünsche ich viel Spaß.

Drei Jahre ist es her, als Luna mit ihren Freundinnen in ihren 17. Geburtstag hineinfeiern wollte – und zwar bei uns zu Hause. Luna hatte sich gewünscht, in der Feuerschale auf der Terrasse ein Lagerfeuer zu machen und in dicken Jacken mit ihren Freundinnen drum herumzusitzen. Dabei wollte sie allerdings kein Fanta trinken. Sondern ein sektartiges Gesöff namens Hugo, mit 7% Alkohol, süß genug, damit man es wegtrinken konnte wie Sprudel. Es war ein seltsames Gefühl, für das eigene Kind Alkohol zu kaufen. Die Rollen gerieten irgendwie durcheinander. War man nun der treusorgende Vater oder der Saufkumpel?

Von diesem Alkopop wollte Luna zwei Flaschen. Ich dachte, okay, wenn es sechs fast erwachsene Mädchen sind, und sie trinken jedes ein Glas von diesem Zeug, dann würde das schon gutgehen. Was mich vor allem beruhigte: Sie würden bei uns auf der Terrasse sitzen. Die ganze Zeit unter meiner Beobachtung.

Die Mädchen waren tatsächlich alle ganz nett, mit einer herzlichen Offenheit, die aber auch zutage treten lässt, dass man selbst ihnen herzlich egal ist. Sie bekamen alle einen Teller Nudeln und Salat, dann machte ich das Feuer an, und sie saßen wie geplant in Wolldecken gehüllt um das Feuer, als Luna mich fragte, ob ich denn nun die Hugo-Brause bringen könne. Das tat ich, mit dem seltsamen Gefühl, eine Art Kellner auf der eigenen Terrasse zu sein.

Dann beschäftigte ich mich mit irgendetwas anderem, als nach zwei Stunden eines der Mädchen kam und sagte, mit Luna stimme etwas nicht, sie sei gerade umgefallen. Tatsächlich konnte sich meine Tochter kaum noch auf den Beinen halten, sie wäre fast in die Feuerschale gekippt. Was war passiert? Von mir unentdeckt, hatte eines der Mädchen Wodka und eine Flasche Eckes Edelkirsch mitgebracht und die Flaschen kreisen lassen. Leider hatte Luna gleich mal ein paar kräftige Schlucke genommen und sich damit fast sofort außer Gefecht gesetzt.

Ich habe Luna dann ins Bett gebracht, ihren restlichen Geburtstag verschlief sie. Die Freundinnen feierten noch weiter und stießen auf Luna an. Irgendwann besorgte ich ihnen Taxis.

Immerhin, seitdem trinkt Luna nichts mehr.

Das Wichtigste am Geburtstag ist für mich aber ohnehin nicht die Feier. Wenn alles überstanden ist, erinnere ich mich an den Tag, an dem meine Tochter geboren wurde. Für die Kinder ist das ein abstraktes Datum. Sie waren ja ihrem eigenen Gefühl nach immer schon da. Aber für einen selbst war es einer der größten Tage im Leben.

Diese Minuten kurz nach der Entbindung, in denen einem bewusst wird, dass nun alles anders wird. Dass man keinen Tag mehr verbringen wird ohne dieses kleine Wesen. Dass man sich immer um es kümmern wird. Dass man ständig in einer Verbindung zu ihm stehen, jeden Tag an es denken wird. Dass man ihm alles beibringen wird, was es zum Leben braucht. Dass man nun stets wissen wird, wofür man auf der Welt ist.

Und dann ist da alles, was man selbst durch dieses Kind erst lernen wird. Man spürt das Glück, einfach nur da zu sein mit diesem Baby im Arm. Das ganze Glück des Universums. Und die Traurigkeit, dass mit jedem Tag, an dem das Kind größer wird, es einem ein kleines Stück mehr entgleitet. Es wird eine eigene Person, die Kraft entwickelt, ihren Weg geht und die man eines Tages davonziehen lassen muss. Und die doch in den Augen ihrer Eltern manchmal wieder zu diesem kleinen zarten Würmchen wird.

An ihrem Geburtstag.

SCHULREIF

Der Sommer war noch weit, da hatte Juli einen Brief bekommen. Wenn Kinder in Julis Alter Briefe bekommen, ist es entweder die Oma oder die Sparkasse oder eine Behörde. Diesmal aber war es ihre künftige Schule:

«Liebes Schulkind, diesen Brief kannst Du vielleicht noch nicht selbst lesen. Aber bald kommst Du in die Schule. Du lernst im Unterricht lesen, rechnen, schreiben, malen und noch viel mehr.»

Ich habe Juli den Brief vorgelesen und ahnte schon, dass dies nicht die richtige Ansprache war.

«Das kann ich doch schon alles», sagte Juli.

Das stimmte nur so halb. Sie kannte zwar schon alle Buchstaben des Alphabets. Also, wenn man ihr sagte: «Mal mal ein N!», dann konnte sie tatsächlich einen Zickzack machen. Sie hatte auch schon entdeckt, dass die Berliner Stadtreinigungsbetriebe, die sie neulich mit der Kita besucht hatte, «BSR» geschrieben werden und nicht «Be Es Er». Leute, die so etwas offenbar nicht richtig schreiben können, müssten mal in die Schule gehen, nicht sie, fand Juli.

Ich erklärte, Rechnen würde man in der Schule auch

lernen. «Rechnen kann ich auch», meinte Juli: «Bis fünf.» Ihrer Meinung nach kann man aber auch nicht höher als bis fünf rechnen, denn man hat ja nur fünf Finger. Und höher als fünf gibt es nichts Relevantes, jedenfalls nicht bis zu Julis sechstem Geburtstag.

Auf das Malen habe ich Juli dann lieber gar nicht erst angesprochen, denn Malen ist nichts, was Juli die Glückstränen in die Augen steigen lässt, eher die Wuttränen. Wenn sie zum Beispiel eine Katze malen will, dann kommt dabei alles Mögliche heraus, aber nichts, was so aussieht wie eine Katze. Das verstimmt meine Tochter stets sehr. Ich versuche öfter einzugreifen, etwa indem ich einmal sagte:

«Das ist ja eine wirklich schöne Katze!»

Aber so leicht konnte ich Juli nicht trösten.

«Nein, das sieht überhaupt gar nicht aus wie eine Katze. Das sieht blöd aus.»

Der Papa, der ihr zu erklären versuchte, das sei eine Superkatze, kam ihr offenbar vor wie jemand, der sie verarschen wollte. Die Katze auf dem Papier sah tatsächlich eher aus wie ein umgefallener Schneemann in der Frühjahrsschmelze, unförmige Kugeln nebeneinander.

Ich versuchte es nun mit Pädagogik: Steigerung des Selbstbewusstseins durch Lernerfolg.

«Guck mal, hier kann man der Katze Ohren malen und da einen Schwanz, dann sieht sie schon viel mehr wie eine Katze aus.»

Das war leider falsch.

«Du hast die Ohren an den Po gemalt und den Schwanz an die Nase, das ist doch kein Elefant!» Juli weinte und wurde rot vor Ärger, während sie mit der Filzstiftspitze auf die Elefanten-Schneekatze einstach. «Jetzt ist alles kaputt!», klagte sie noch, bevor sie das Papier zerknüllte und davonstob: «Ich HASSE Katzen!!»

Sollte bloß mal einer wagen, ihr das Malen beizubringen.

Man kann Juli dabei nicht vorwerfen, sie wäre nicht wissbegierig. Sie möchte ständig etwas texten. Neulich malte sie zwei Fische, dann fragte sie: «Wie schreibt man Fische?»

«Da macht man erst ein F.»

«Wie geht ein F?»

«Ein F ist ein Strich nach unten und zwei Striche von links nach rechts.»

Juli schrieb etwas, zeigte es mir, es war aber leider ein A geworden.

«Das ist ein A, das ist ein anderer Buchstabe, der ist aber auch ganz schön.»

«Na toll, du hast mir das falsch gesagt. Jetzt hab ich das ganze Bild umsonst gemalt.»

«Aber das ist nicht umsonst gemalt, das Bild ist doch sehr schön geworden, und mit A kann man doch auch tolle Wörter machen, zum Beispiel Angel.»

«Ich will aber nicht, dass die Fische geangelt werden. Mama, Papa will, dass all meine Fische geangelt werden!»

«Das hat Papa bestimmt nicht so gemeint», beruhigte meine Frau.

Lotta sagte: «Juli, weil du einen Fehler gemacht hast, kannst du jetzt doch nicht Papa beschuldigen!»

«Papa hat mir den Buchstaben falsch erklärt», wetterte Juli.

«Ich habe überhaupt keinen Buchstaben falsch erklärt, Juli hat ihn falsch gemacht.»

«Das ist so fies», jammerte Juli jetzt und ließ sich dramatisch zu Boden fallen, als sei sie von einem Heckenschützen erschossen worden. Sie blieb betrübt liegen.

«Juli, das ist gar nicht schlimm, wenn man mal etwas falsch macht.»

«Doch, das ist ganz schlimm, jetzt ist das Bild kaputt, und alle meine Fische werden geangelt.»

«Juli, das lernst du noch, dafür gehst du doch bald in die Schule», versuchte Luna sie zu trösten.

Aber Juli hatte den Glauben an die Welt verloren. «In der Schule zeigen die es mir bestimmt auch falsch.»

«Nein, in der Schule zeigen die es dann bestimmt ganz richtig», sagte Greta.

«He», verteidigte ich mich, «ich habe das auch richtig gezeigt!» Mir war nicht klar, warum meine Tochter einen Fehler gemacht hatte, ich jetzt aber angeklagt wurde. Nur weil ich nicht die Neigung habe, mich auf den Boden zu werfen, wenn ich beschuldigt werde?

«Du wolltest alle meine Fische angeln», klagte mich Juli düster an, «das sind aber meine Fische!»

Ich hoffe, dass wenn Juli in der Schule ist, sie es leichter haben wird, einen Fehler als etwas ganz Normales hinzunehmen. Ich hoffe es vor allem für ihre Lehrer.

IMMER AUF DIE KLEINEN

Man muss vielleicht mal kurz erklären, warum Juli bei einigen Sachen empfindlich reagiert.

Juli ist genervt von mancherlei, aber besonders von der Tatsache, dass die Welt nicht umhinkommt, kleinere Menschen die ganze Zeit zu diskriminieren. Kleinere haben ihrer Meinung nach ohnehin schon etliche heftige Probleme. Zuallererst einmal das Kleinsein an sich. Das hat man sich ja nicht ausgesucht. Ein paar weitere Nachteile:

1. Man kommt an nichts ran. Denn die ganze Welt ist für die anderen designt. Schon in der Küche kommt man nicht an das Glas Nutella, weil es zu weit oben steht, man kann es nicht einmal sehen. Wenn man etwas will, muss man ständig Stühle irgendwo hinschieben oder Leute fragen. Und die Leute sagen dann: «Du sollst da doch nicht raufklettern!»
2. Die Sachen, die für die Kleinen konzipiert sind – kleine Stühle, kleine Fahrräder, kleine Betten –, sind alle Mist, sonst würden sie die Großen ja auch benutzen.
3. Sachen, die für Kleine gemacht werden und einem

als Kleinem gefallen, werden komischerweise direkt kleiner. Kaum hat man sich an den Pullover mit dem aufgestickten glitzernden Einhorn gewöhnt und will ihn jeden Tag tragen, muss man sich wieder von ihm trennen, denn die Großen erklären einem, er sei zu klein geworden.

4. Wer klein ist, wird von den wirklich interessanten Diskussionen der Welt ausgeschlossen, denn die kann man angeblich nicht verstehen. Die Großen unterhalten sich in einer Art Geheimsprache und sagen dann etwa «Mietpreisbremse». Wenn man fragt, was Mietpreisbremse eigentlich heißt, schauen sie einander vielsagend an und antworten: «Wenn du groß bist, verstehst du das!» Wahrscheinlich verstehen sie es selbst nicht.

5. Das, was man aber als Kleiner verstehen darf, ist offenbar uninteressanter Kram. Denn in der Welt der Großen spielt es überhaupt keine Rolle. Sie unterhalten sich zum Beispiel nie darüber, welches der beiden Pferde von Bibi und Tina, Amadeus oder Sabrina, eigentlich das schnellere ist. Oder ob bei Pumuckl, wenn er aufs Klo muss, seine Kacke auch nur für Meister Eder sichtbar ist.

6. Fragt man die Großen diese Dinge, wissen sie keine Antwort. Nie.

7. Als Kleiner hat man auf einer Speisekarte im Restaurant genau drei Gerichte, die für einen bestimmt sind. Ein kleines Schnitzel mit Pommes, Nudeln mit Tomatensoße und Fischstäbchen. Alles fad. Aber alle anderen Portionen sind «zu groß».

8. Wenn man in einen Restaurant ist, wo dieses Zeug

auf der Speisekarte fehlt, kann man ganz sicher davon ausgehen, dass der Rest der Speisen noch schlimmer ist – jedenfalls für Kleine.
9. Wäre es nicht schon schlimm genug, klein zu sein, so wird man ständig auch noch darauf aufmerksam gemacht. Man muss etwa im Auto auf einem Kindersitz sitzen, der aus Styropor gemacht ist. Damit auch ja niemandem entgeht, wo hier ein Kleiner sitzt.
10. Das Allerallergemeinste ist, zusammenfassend gesagt, dass die Welt voll von Dingen ist, die man «nicht darf». Es ist nicht nur so, dass die Eltern einem ständig Dinge verbieten: Sie verweisen dabei auch oft auf eine Instanz, die noch weit über ihnen selbst steht. Dann reden die Eltern von «Gesetzen» und «Bestimmungen». Wenn eine Macht, die sogar über deinen Eltern steht, eigens Gesetze gegen dich macht – dann bist du ganz sicher völlig im Eimer.

KÖNNEN ELEFANTEN FLIEGEN?

Eine der anstrengendsten dieser Bestimmungen von oben ist die Altersfreigabe im Kino. Es gibt zum Beispiel kaum Filme, in die man mit kleinen *und* großen Kindern gehen kann. Die Filme, die ohne Altersbeschränkung sind, heißen etwa «Neues von Petterson und Findus», haben eine Handlung, die ungefähr so schnell voranschreitet, wie sich Rost auf einer Fahrradkette bildet, dazu einen Humor, der sogar Vierjährigen das Lachen schwerfallen lässt.

Schon wenn ein Film ab sechs ist (wie die meisten Disney-Produktionen), kommen darin Dinge vor, die nicht kleinkindgerecht sind. Zum Beispiel taucht dann jemand auf, der sehr böse ist, oder Menschen (meistens aber Tiere) geraten in Gefahr, und irgendjemand stirbt. Ich verstehe, dass man das frühestens ab sechs gut verträgt.

Nun war Juli aber schon bald sechs, und ich witterte meine Gelegenheit, mit allen meinen Töchtern ins Kino zu gehen. Dafür musste ich Juli reinschmuggeln und hoffen, dass mich niemand am Eingang fragte, wie alt das Mädchen denn eigentlich sei. Wäre ja nicht schön, wenn ich sagte: «Sechs», und Juli würde protestieren: «Weißt du das nicht? Ich bin fünf!»

Neulich waren wir also auf diese Weise alle zusammen in dem Film «Dumbo». Dem jungen Mann am Einlass sagte ich fröhlich: «Eine Dumbo-Familie bitte.» Das stimmte ihn auch heiter, und er fragte nicht, wie groß der kleinste dieser Elefanten sei.

Juli war sichtlich stolz, dass sie mit dabei sein durfte, und ich war selbst so stolz, dass ich für alle Kinder jeweils eine «kleine» Portion Popcorn bestellen wollte. Allerdings gibt es keine kleinen Portionen von irgendetwas in so einem Kino. Es geht los mit großen Portionen, geht weiter mit sehr großen, und die größten Portionen sind gesundheitsgefährdend. Juli bekam also einen halben Liter Sprite in die Hand gedrückt und einen Wochenvorrat Popcorn.

Die Handlung des Films ging ungefähr so: In einem herumfahrenden Zirkus wird ein Elefant geboren, der riesengroße Ohren hat. Er gilt als unglaublich hässlich. Die Mutter des Elefanten, die ihr Kind verteidigt, wird vom Zirkus verkauft, der kleine verlassene Elefant heult (Juli heulte auch, das hatte ich unterschätzt). Die Kinder eines Zirkusartisten, der nur noch einen Arm hat, schließen Freundschaft mit dem kleinen Elefanten – und entdecken, dass er mit seinen Riesenohren fliegen kann. Am Schluss gibt es ein Happy End mit Dumbo und seiner Mama in Afrika.

Von der Riesenpackung Popcorn, die Juli die ganze Zeit in der Hand hielt, war am Schluss noch alles übrig. Juli hatte nicht mal den halben Liter Sprite ausgetrunken, so spannend war der Film für sie. Nach der Vorstellung war meine jüngste Tochter ziemlich still. Sie schien über etwas nachzudenken. Während ihre Geschwister routiniert das Thema wechselten und sich schon darüber stritten, was es zum Abendessen geben sollte, war Juli noch sehr mit sich selbst beschäftigt. Und beim Essen vergaß sie sogar, die größte Portion Nudeln für sich zu reklamieren. Dann endlich fragte sie mich:

«Papa, können Elefanten fliegen?»

Ich lachte. «Aber warum sollen denn Elefanten fliegen können?»

Juli zweifelte kurz an meinem Verstand: «Dumbo ist doch geflogen! Das hat man gesehen!»

«Ja, aber das war doch ein Computertrick.»

«Was ist ein Computertrick?»

Das war gar nicht so einfach zu erklären, zum Glück gab es Snapchat: «Du kennst doch dieses Ding auf Lottas Handy, wenn sie sich filmt und dann dabei auf dem Handy so eine Hundenase hat.»

Juli nickte eifrig.

«Da hat Lotta doch eine Hundenase, aber in Wirklichkeit hat Lotta gar keine Hundenase ...»

«Da gibt es auch Katzenohren ...», wusste Juli.

«Ja, und wenn man auf einem Bild so komische Ohren und Nasen hat, obwohl man die in echt gar nicht hat, dann ist das ein Computertrick. Man macht das mit dem Computer, damit man Sachen zeigen kann, die es so in der Wirklichkeit nicht gibt ...»

«Und die ganzen Kinder in dem Film – kommen die auch aus dem Computer?»

«Also, das weiß ich nicht, aber ich glaube, die waren nicht aus dem Computer.»

«Und der Vater von den Kindern, der nur noch einen Arm hat, war der auch echt?»

«Ich glaube, der war echt, aber dass er nur einen Arm hat, das war aus dem Computer.»

«Hat ihm der Computer den Arm abgeschnitten?»

«Nee, hat er nicht, Computer sind ja nicht böse, die haben das nur so gemacht, damit es im Film so aussieht. Der Mann hat in Wirklichkeit einen ganzen Arm, aber im Film spielt er die Rolle von jemandem, der keinen Arm mehr hat, weil es im Krieg war.»

«Was ist eine Rolle?»

«Wenn man so tut, als sei man jemand anderes.»

Nun schwieg Juli wieder für eine Weile. Ich fand, ich hatte das gut erklärt: die wunderbare Welt des Films *in a nutshell*!

«Papa, kann man mit einem Regenschirm fliegen?»

«Was? Nein, das kann man nicht, dazu ist ein Regenschirm viel zu klein.»

«Dann kommt Mary Poppins auch aus dem Computer?»

«Ja, die ist auch ein Computertrick.»

«Sind alle Leute Computertricks?»

«Äh nee, nein, alle nicht.»

Den Rest des Abendessens verbrachte Juli grübelnd. Ich konnte mir vorstellen, was sie überlegte: Wenn man mit einem Regenschirm nicht fliegen kann und Elefanten auch nicht fliegen können, obwohl man es ja gesehen hat – was von dem, was man sah, war dann überhaupt echt? War Papa echt? Spielte er eine *Rolle*? War vielleicht alles, was man sah, aus dem Computer? Hatte Papa in Wirklichkeit drei Arme, und man hat nur einen weggemacht?

Das sind Fragen, die man einem Kind vielleicht nicht

ersparen kann. Aber ich war trotzdem froh, dass wir darüber gesprochen hatten, bevor Juli versucht hätte, mit dem Regenschirm davonzufliegen.

PAPA DIKTATOR

«Greta, geh bitte ins Bett.»
«Ich kann jetzt nicht ins Bett.»
«Du musst jetzt schlafen, es ist halb elf.»
«Ich kann jetzt aber nicht schlafen, das siehst du doch.»
«Morgen ist Schule.»
«Papa, ich weiß.»
«Ich geh jetzt auch gleich ins Bett.»
«Ja bitte, dann geh doch endlich ins Bett! Gute Nacht.»

Jeden Abend sind es dieselben Diskussionen, die ich mit Greta führen muss. Denn Greta geht nicht schlafen. Sie hat stets etwas Wichtiges zu tun, das sie daran hindert. Zuletzt bastelte sie an einem Geburtstagsgeschenk für eine Freundin. Da der Geburtstag am nächsten Tag war, musste das Geschenk dringend fertig werden. Es war sehr aufwendig, es handelte sich um eine Papptorte, die aus mehreren Ringen bestand, über und über mit Bonbons und Schokoriegeln beklebt. Das war viel Kleinarbeit, also blieb logischerweise keine Zeit für Schlaf.

Gretas Verhalten machte mich wahnsinnig. Seit wann wusste mein Kind von dieser Geburtstagseinladung? Und dass dies ein aufwendiges Geschenk sein würde?

Wahrscheinlich seit Wochen. Wann fing meine Tochter an, sich konkret darum zu kümmern? Zum letztmöglichen Zeitpunkt, der ganz klar als «Ins-Bett-gehen-Zeitpunkt» definiert war. Dann sollten die Kinder zu Abend gegessen und ihre Schulsachen für den nächsten Tag gepackt haben. In meiner Vorstellung lasen sie vor dem Einschlafen noch ein paar Seiten in einem guten Buch und würden dann friedlich einschlummern.

Die Realität ist, dass meine Kinder den ganzen Abend etliche Dinge tun, die nichts mit dem zu tun haben, was man als Kind so tun sollte. Sie gucken Serien, sie hören Musik, sie chatten mit Freundinnen. Und dann fällt ihnen auf, dass sie ja etwas ganz anderes hätten machen müssen. Zum Beispiel Lotta ihre Mathehausaufgaben. Meine Tochter geht dabei nach einem Prinzip vor, nach dem ganze Wirtschaftszweige funktionieren: Nimm für einen kurzfristigen Vorteil einen langfristigen Nachteil in Kauf. Es ist jetzt gerade nett, eine Serie zu gucken, deswegen kann ich ruhig noch warten, bis ich mich um etwas anderes, Lästiges kümmere – so lange, bis es fast zu spät ist. Irgendwann gerät das Kind dann in Unruhe und fängt hektisch an, das Heft zu bearbeiten.

Und was kann ich dagegen sagen? Ich kann mahnen und ihr auseinandersetzen, dass sie sich das alles selbst zuzuschreiben hat und dass ihr das doch eine Lehre sein soll: Der wertvolle Schlaf entgeht ihr, weil sie ihre Zeit schlecht eingeteilt hat. Was ich aber nicht kann: sie ins Bett schicken. Denn dann ginge sie ja ohne Hausaufgaben in die Schule, und das geht ja nicht, oder?

So läuft es jeden Tag. Ich könnte natürlich darauf setzen, dass meine Kinder aus Schaden klug werden, aber wenn man jede Nacht zu wenig Schlaf bekommt, dann wird man nicht eben klüger, höchstens etwas dümmer. Das Ganze ist eine Unglücksspirale. Ich habe es ja an mir selbst erlebt.

Eine Zeitlang war Lotta allerdings wirklich richtig früh im Bett. Und ich war sehr zufrieden. Schließlich hatten unsere ganzen Appelle und Mahnungen gefruchtet, das Kind war vernünftig geworden. Seltsamerweise war Lotta aber weiterhin morgens schwer aus dem Bett zu bekommen. Ich war überrascht, was für ein enormes Schlafbedürfnis Teenager haben. Was mich auch erstaunte, war, dass Lotta einmal beim Abendessen freimütig bekannt gab, schon alle Folgen der Serie «Türkisch für Anfänger» gesehen zu haben. Ich konnte mir gar nicht vorstellen, wann und wo das geschehen sein sollte. Dann wunderte ich mich, wohin eigentlich mein iPad verschwunden war.

Und dann überlegte ich, ob ich Lotta eine Taschenlampe schenken sollte, damit sie unter der Bettdecke, wenn schon heimlich, dann wenigstens *lesen* würde.

ALS FRAU

Es war an einem lauen Frühlingsabend, wir saßen vor einem Café, wo wir uns öfter treffen, als Luna ein sehr ernstes Thema anschnitt. Sie finde es nicht leicht, eine Frau zu sein, denn Frausein sei mit sehr vielen großen Entscheidungen verbunden.

Welche Entscheidungen sie denn meine?, fragte ich.

Sie sagte: «Zum Beispiel: Falls ich einmal aus Versehen schwanger werde, müsste ich mich entscheiden, ob ich das Kind abtreiben oder behalten will.» Und mit jeder dieser beiden Entscheidungen würde sie leben müssen. Behielte sie das Kind, und ihr Partner würde das nicht unterstützen, dann müsste sie sich auf ein Leben als alleinerziehende Mutter einstellen. Und sie würde dieses Leben mit allen Konsequenzen führen müssen. Wenn ihr Partner hingegen das Kind mit ihr aufziehen wollte, dann müsste sie sich die Frage stellen, ob sie mit diesem Menschen den Rest ihres Lebens verbringen wolle. Entschied sie sich aber gegen das Kind, dann würde sie auch mit dieser Wahl leben müssen.

Ich sagte Luna, dass man sich ja deswegen auch dafür entscheiden sollte, erst mal kein Schwangerschaftsrisiko einzugehen.

Das sei wieder so eine Situation, sagte Luna: Man müsse sich für eine bestimmte Verhütungsmethode entscheiden. Ob man Tabletten schlucken will, die einem vielleicht auf die Stimmung schlagen oder einen dick machen. Oder für eine Spirale oder ähnliche Präparate, die die Abläufe im Körper stark verändern. Das seien alles Entscheidungen, die man als Frau oft alleine treffen müsse.

Ich war nun ziemlich verunsichert. Niemand hatte mich vorbereitet, mal ein solches Gespräch zu führen.

«Aber du willst dich doch nicht wirklich mit deinem Vater über so etwas unterhalten?»

«Warum sollten wir uns nicht darüber unterhalten?», widersprach Luna. «Warum sollten Frauen das unter sich ausmachen?»

Dazu fiel mir nicht mehr viel ein. Denn ich bin tatsächlich so aufgewachsen: mit einer klaren Trennung zwischen Jungs- und Mädchendingen. Ich war damals der Ansicht, alles, was den weiblichen Körper betraf, sei nicht unbedingt meine Angelegenheit. Es war eine ziemlich bequeme Haltung. Natürlich wussten wir, dass es eine gemeinsame Verantwortung gab, keine ungewollte Schwangerschaft zu verursachen. Das sei nicht nur Sache der Frau, sagte man. Aber in diesem «nicht nur» schwang irgendwie mit, dass es eigentlich schon eher Sache der Frau sei.

Luna glaubt, dass Männer bestimmt sehr gerne mehr Anteil daran nähmen, was im weiblichen Körper geschehe – und dass man das nicht mystifizieren dürfe. Schließlich gehe es um ganz normale medizinische Angelegenheiten. Wie man sich mit bestimmten Präparaten fühlt, welche Entscheidungen als Frau damit einhergehen und was die körperlichen Folgen sind. «Sich darüber zu unterhalten sollte doch ganz natürlich sein, oder?»

Da musste ich ihr recht geben. Wenn man sich als junger Mann schon nicht dafür interessiert hat – als Vater von Töchtern bekommt man in manchen Angelegenheiten eine zweite Chance.

AUF DEM SCHULWEG

Greta möchte also mit dem Auto gebracht werden. Ich will nicht Auto fahren, das ist die Situation. An den Schulen in unserer Stadt wird ohnehin viel über die sogenannten «Elterntaxis» diskutiert. Es gibt nämlich Eltern, die ihre Kinder jeden Tag bis vor das Schultor kutschieren, und die sind bei vielen Leuten mittlerweile Hassfiguren. Denn sie rangieren dann mit ihren dicken SUVs vor den Schulen und gefährden damit die Kinder, die zu Fuß kommen.

Für mich war es früher selbstverständlich, alleine zur Schule zu gehen. Meinen Eltern wäre es gar nicht eingefallen, mich zu begleiten. Alle Kinder gingen alleine zur Schule. Der Schulweg war fast zwei Kilometer lang. Man musste früh los – oder rennen. Ich rannte meistens. Was dazu führte, dass die einzige Sportart, in der ich ganz gut war, der Langstreckenlauf war.

Der Schulweg war damals für mich auch ein Freiraum, besonders der Nachhauseweg. Da streunte ich meist umher. Es gab ein kleines Waldstück auf dem Weg, das durchsuchte ich gerne. Und ich fand dort oft die kuriosesten Sachen.

Ich meine, so ein Auto kann auch ein Instrument der

Herrschaft von Eltern sein. Denn wenn wir Kindern den Schulweg nehmen, dann nehmen wir ihnen auch diese Welt zwischen Schule und Zuhause, in der nur sie ganz alleine herrschen. Und in der sie schmecken können, wie es einmal sein wird ohne Mama und Papa.

Man wird ja auch nicht müde zu betonen, dass es für Kinder viel gesünder sei, wenn sie ihren Schulweg alleine gehen. Das ist grundsätzlich richtig, aber zumindest in Großstädten nicht unbedingt zeitgemäß. Wir leben nicht in einem Dorf, wo die Schule nur ein paar Meter entfernt ist. Unsere Kinder müssen nicht nur wissen, wo es langgeht, sondern auch, mit welchem Bus sie fahren, welche Kreuzungen sie queren müssen –, und so weiter. Und wenn sie die richtige Station verpassen, dann kommen sie zu spät und finden sich womöglich in einem Stadtteil wieder, den sie gar nicht kennen.

Lotta und Greta gehen in eine Schule, die man nur erreichen kann, wenn man eine halbe Stunde mit dem Bus fährt. Um zur Haltestelle zu kommen, müssen sie durch ein paar nicht ungefährliche Straßen gehen. Es würde in diesem Sinne also gute Gründe geben, die Kinder mit dem Auto in die Schule zu bringen.

Trotzdem, ich wollte meine Kinder nicht in ihrer Freiheit einschränken, sie sollten nicht das Gefühl haben, von einem Helikoptervater überwacht zu werden, der ihnen die wenige freie Zeit, die sie haben, auch noch nimmt; die heiligen Meter der Selbständigkeit, wo jeder Laden links und rechts eine Verlockung ist und überall kleine Abenteuer rufen, die nur einen winzigen Umweg erfordern. Das wollte ich ihnen nicht nehmen, indem ich sie in ein Auto lud.

Nur fiel mir, wenn ich genauer darüber nachdachte, gar nicht ein, welche Verlockungen auf dem Schulweg das sein könnten. Meines Wissens gehen die Kinder an einem einzigen Kiosk vorbei (der befindet sich fast direkt neben unserer Haustür) und dann irgendwann an einem Matratzengeschäft. Ich glaube nicht, dass meine Kinder versonnen vor dem Fenster dieses Ladens hängenbleiben und die Angebote für Schaumgummikernmatratzen studieren. Womöglich ist ihr Schulweg gar nicht so abenteuerlich?

Einmal waren meine Kinder morgens ganz aufgeregt, wie immer, wenn der Vater eines befreundeten Mitschülers etwas Zeit hat und ihn mit dem Auto zur Schule bringt. Meine Töchter dürfen dann mitfahren, und das ist für sie das Größte. Der Mann hat einen ziemlich geräumigen Mercedes.

«Warum fährst du uns eigentlich nie, Papa?», fragte Greta routiniert.

Lotta beantwortete die Frage für ihre Schwester: «Papa kann doch kein Autofahren.»

«Ich kann wohl Autofahren!», protestierte ich.

«Wenn du Autofahren kannst, warum tust du es dann nicht?», fragte Greta wieder. «Also, wenn ich es könnte, würde ich die ganze Zeit Auto fahren!»

«Autofahren ist gar nicht gut für die Umwelt», sagte ich, nun schon etwas defensiv: «Schaut mal, wenn jeder seine Kinder morgens mit dem Auto in die Schule bringen würde, dann wären die Straßen ganz verstopft.»

«Gut, dann könnten wir ja noch den Max mitnehmen, dann müsste sein Papa ihn nicht fahren.»

«Ja, den Max mitnehmen, das wäre wirklich gut für

die Umwelt, sein Vater fährt nämlich so einen großen Wagen, der verbraucht viel mehr Sprit als unser Auto!», jubelte Lotta.

Sie verwendeten die Umweltgewissensdebatte erbarmungslos gegen mich. Und ich hatte jeden Grund, zu fürchten, dass sie sich unter einem Helikoptervater einen Vater vorstellten, der seine Kinder jeden Morgen mit dem Hubschrauber zur Schule bringt. Und das fänden sie ganz schön geil.

Als ich am Abend mit meiner Frau darüber sprach, redete sie mir gut zu: «Wie wäre es denn, wenn du einfach mal ein paar Auffrischungsstunden nehmen würdest?»

«Du meinst, ich soll wieder in die Fahrschule gehen?»

Noch mal in die Fahrschule: Das klang für mich wie eine Strafrückversetzung. Damals leistete ich Fahrstunde über Fahrstunde in einem VW Polo. Wie oft musste mein Fahrlehrer in die Eisen steigen, um mich zu bremsen, weil ich über eine rote Ampel gefahren war! Bis zum Führerschein waren höchstens zwanzig Fahrstunden vorgesehen. Ich hatte über vierzig gebraucht. Und nun sollte ich das alles noch mal machen?

«Du musst ja nicht den Führerschein noch mal machen. Du musst doch nur ein bisschen praktizieren», tröstete mich meine Frau.

Trotzdem fand ich es eine seltsame Vorstellung. Man lässt doch Dinge im Leben auch einfach mal hinter sich, oder? Ich würde mich ja auch nicht freiwillig noch mal in den Mathe-Grundkurs der gymnasialen Oberstufe setzen, nur weil man festgestellt hatte, dass ich alles, was ich dort gelernt hatte, wieder vergessen hatte!

ESSEN IST FERTIG!

Erinnert sich jemand noch an den Mirácoli-Tag? Ich habe als Kind zu oft Werbefernsehen gesehen, deshalb habe ich viele komische Bilder im Kopf. Die Mama ruft: «Mirácoli ist fertig!» Und von überall her strömen die Kinder herbei und sind glücklich. Alle lachen und freuen sich, wenn die Nudeln und die Fertigsoße mit dieser einzigartigen Gewürzmischung auf den Tisch kommen. Alle sind fröhlich. Was beim Mirácoli-Tag nie passiert: dass man missmutig gemeinsam am Tisch hockt, man einander anmotzt oder sich über das Essen beschwert.

So ein nettes Familienessen muss natürlich vorbereitet werden. Zum einen, indem man kocht. Zum anderen ist es genauso wichtig, die anderen vorher vom Essen abzuhalten. Lotta und Greta etwa sind wie zwei Planeten, die um ein Zentralgestirn, den Kühlschrank, kreisen. Neulich entspann sich wieder ein typischer Dialog. Lotta guckte in den Kühlschrank.

Vater: «Lotta, ich mach doch gerade etwas zu essen...!»

Lotta guckte weiter in den Kühlschrank.

Vater: «Lotta, wir essen doch gleich gemeinsam.»

Lotta guckte unverdrossen in den Kühlschrank.

Vater: «Lotta, hallo, ich mach gerade Essen!»

Lotta griff sich nach reiflicher Überlegung ein Glas Stracciatella-Joghurt.

Vater: «LOTTA!!»

Lotta: «Ja, was'n?»

Vater: «Du siehst doch, dass ich hier jetzt Essen mache. Das ist überhaupt nicht nett, wenn sich jeder jetzt hier noch was zu essen holt.»

Lotta: «Ich esse doch nur ein bisschen Joghurt ...»

Vater: «Ja klar, und wenn es Essen gibt, hat dann niemand mehr Hunger!»

Ich kann mir gut vorstellen, dass das die Szenen sind, die im Mirácoli-Spot nicht gezeigt wurden: wie die Mirácoli-Mutter den halben Tag lang mit dem Kochlöffel die Kinder vom Kühlschrank weggejagt hat. Erst dann kommen sie – halb wahnsinnig vor Hunger – zu Tisch, froh, dass es wenigstens irgendetwas zu essen gibt.

Als Nächstes kam Juli: «Papa?»

«Ja?»

«Kommt Brot eigentlich auch aus dem Computer?»

«Nein, ich glaube, Brot ist echt.»

«Papa, machst du mir dann ein Brot?»

«Wir essen jetzt kein Brot mehr, es gibt gleich etwas Richtiges zu essen.»

«Ich habe aber *jetzt* Hunger.»

«Aber ich mache jetzt etwas zu essen!»

«Das dauert aber immer so lange.»

«Das dauert überhaupt nicht lange. Guck, ich schneide schon die Zwiebeln.»

«Böäh, Zwiebeln! Ich mag keine Zwiebeln.»

«Die schmeckst du ja gar nicht!» Das waren gleich zwei Lügen. Zum einen bin ich wirklich ein sehr langsamer Koch. Während meine Frau kochen kann, ohne dass man überhaupt wahrnimmt, dass sie kocht, weil sie gerade mal hier ein bisschen schneidet, da ein bisschen rührt und brutzelt, ist Kochen für mich eine Angelegenheit, so kompliziert, wie einen Pax-Schrank von Ikea aufzubauen. Jeden simplen Schritt muss ich erst in einer Gebrauchsanweisung nachlesen. Zum anderen: Natürlich schmeckt man die Zwiebeln. Sonst könnte ich sie ja auch weglassen. Ich kann nicht viele Gerichte, aber Bratkartoffeln mit Spiegelei und Salat (mit Zwiebeln) kann ich so zubereiten, dass alle davon essen wollen.

Ich weiß, «gemeinsames Essen» ist ein großes Wort. Denn es ist überhaupt nicht leicht, alle Familienmitglieder zu einem Zeitpunkt an den Tisch zu bekommen.

Meine Frau hatte an jenem Tag Spätschicht, und Luna hatte angerufen, dass sie leider etwas später komme. «Ich bin schon auf dem Weg», sagte sie. Luna ist allerdings ständig auf dem Weg. Sie hat den Weg dabei immer noch vor sich.

Als sich dann die anderen am Tisch versammelten, wo das Essen schon dampfte, fehlte Lotta.

Ich rief: «Lotta, das Essen steht auf dem Tisch!»

Es kam ein gedämpftes «Ja-ha» zurück.

«Lotta, wo bist du?»

«Ich bin auf dem Klo!»

«Lotta, warum gehst du aufs Klo, wenn es Essen gibt?»

«ICH MUSS!»

«Du musst IMMER genau dann, wenn ich gekocht habe!»

Ich wollte nicht beim Essen mit meinen Kindern über ihre Klogänge diskutieren, aber die Umstände zwangen mich dazu. Denn wenn Lotta mal die Klotür hinter sich geschlossen hat, dann geht sie zehn Minuten nicht mehr auf. Ich weiß nicht, wie man so viel Zeit auf der Toilette verbringen kann, es wäre mir auch ganz egal, wenn nicht in der gleichen Zeit das Essen kalt würde. Ich glaube übrigens, dass Lotta auf dem Klo mit ihren Freundinnen chattet. Das WLAN ist dort besser als in ihrem Zimmer.

Juli war zwar nicht auf dem Klo, aber auch sie hatte Wichtigeres zu tun.

«Juli, setz dich an den Tisch.»

«Ich will aber spielen.»

«Nein, wir essen jetzt.»

«Okay, aber zuerst will ich noch fünf Minuten spielen.»

«Nein, alle sitzen am Tisch, und du setzt dich jetzt auch!»

«Aber es sitzen gar nicht alle an dem Tisch.»

«Mama arbeitet, Luna ist auf dem Weg, und Lotta sitzt auf dem Klo, sonst sind alle da.»

«Ich will auch auf dem Klo sitzen.»

«Du setzt dich jetzt auf deinen Stuhl, dann wollen wir alle essen!»

«NA GUT!»

Schließlich setzte sich Juli hin mit einer Miene, als hätte man gerade den Fernseher an ein Altenheim gespendet.

Als dann alle bis auf Luna erst einmal saßen, fingen die Verteilungsprobleme an. Denn jede hat so ihre Vorlieben und betreibt deswegen Cherrypicking. Ich bin in ständiger Korrigierfunktion:

«Greta, die anderen sollen vielleicht auch noch Avocado-Stücke kriegen, du kannst sie nicht alle aus dem Salat stochern.»

«Die anderen können doch die Zwiebeln haben, ich mag keine Zwiebeln.»

«Niemand mag Zwiebeln, Greta.»

«Warum sind sie denn überhaupt im Salat, wenn niemand sie mag?», meinte Greta (eigentlich eine gute Frage).

«Weil in einen Salat nun einmal Zwiebeln gehören», antwortete ich (eigentlich eine schlechte Antwort).

Ich versuchte das Thema zu wechseln: «Sag mal, Lotta, wie war es in der Schule?»

«Gut.»

«Was war denn gut?»

«Alles.»

«Aha, und was habt ihr gemacht?»

«Na, Schule halt.»

«Ich mein, habt ihr etwas Besonderes gemacht?»

«Gelernt.»

«Greta, wie war es bei dir in der Schule?»

«Gut.»

«Juli, wie war eigentlich die Kita heute?»

«Gut.»

«Es kann doch nicht alles einfach immer nur gut sein.»

«Warum soll es nicht gut sein?», fragte Lotta.

«Sei doch nicht so negativ!», sagte Greta.

Dann endlich kam Luna rein.

«Luna, wie geht es?»

«Gut.»

«Ach.»

Luna setzte sich hin: «Gerade saß ich in der U-Bahn neben einer, die total high war.»

«Was ist denn high?», fragte Juli.

Ich sagte: «Dann geht es einem irgendwie ganz, ganz gut.»

Juli verstand schnell: «Sind wir hier alle high?»

ESSSTÖRUNGEN

Ich weiß nicht, warum Kinder solche Schwierigkeiten haben, normal zu essen. Luna zum Beispiel praktizierte eine Weile eine besondere Diät. Sie aß am liebsten Sushi und Reeses. Reeses sind Erdnuss-Butter-Cakes. Also im Wesentlichen Erdnuss-Butter mit Schokoladenüberzug. Ein Reeses ist gewissermaßen die fette Schwester des Schoko-Muffins. Man kann über solche Lebensmittel keine zwei Meinungen haben. Stell deine Ernährung auf Reeses um, und du bist auf dem Weg zur Hölle. Sie sind solche Kalorienbomben, dass man damit eine Großstadt auslöschen könnte.

Mit Reeses ist es ein bisschen so wie mit Chips, das ist das Fatale: Wenn man einmal angefangen hat, kann man nicht mehr aufhören. Man weiß, dass es überhaupt nicht gut ist, man weiß, man sollte nicht noch einmal in diese Tüte greifen, aber man tut es trotzdem, weil dieses Gefühl der unmittelbaren Befriedigung stärker ist.

Luna wusste das genau. Trotzdem hörte ich nicht auf, darauf hinzuweisen. Ich klang wie mein eigener Vater. Wenn ich gegen Reeses protestierte, lag das offenbar an meinem protestantischen Gewissen. Einer Stimme aus meinem Innersten. Denn es gab eigentlich keinen offensichtlichen Grund, sich zu beschweren: So viele Reeses Luna auch konsumierte, sie wurde davon nicht dick. Sie war eigentlich eher ein bisschen zu dünn. Und sie wurde davon auch nicht krank.

Das zweite Lieblingsessen meiner Tochter war seit jeher Sushi. Keines meiner anderen Kinder isst Sushi. Das ist nun wiederum ein sehr gesundes Nahrungsmittel, wegen all der Omega-3-Fettsäuren. Die Japaner werden hundert Jahre alt, weil sie so viel Fisch essen. Im Grunde liegt Luna also genau in der Mitte zwischen einer gesunden und einer katastrophalen Ernährung. Alles völlig okay.

Eigentlich ist Luna auch Veganerin. Also abgesehen von dem rohen Fisch, von dem sie sich ernährt. Sie ist jedoch keine sehr strenge Veganerin. Sie kritisiert niemanden dafür, dass er Fleisch isst oder Käse konsumiert, sie hält es nur für «toxisch». Wenn sie doch mal von ihren Grundsätzen abkommt und ein Stück Fleisch isst, fühlt sie sich anschließend elend. Dann übt sie zwei Wochen ein veganes «detox». Für Luna ist also ein Steak so etwas wie eine Flasche Korn, mit der man sich vergiftet.

Greta hingegen macht die umgekehrte Diät. Fisch mag sie nicht, und auf Gemüse kann sie gut verzichten. Wenn Greta entscheiden dürfte, würde sie ausschließlich von Spaghetti bolognese leben. Und einem Nutellabrot am Morgen. Das jedenfalls ist das Größte.

Das bedeutet nicht, dass Greta nichts anderes essen würde. Sie probiert durchaus verschiedene Sachen aus. Aber es stresst sie, dass es so viele Lebensmittel gibt. Warum zum Beispiel existiert so etwas wie Rosenkohl, und warum essen Menschen Muscheln? Warum isst man Wildfleisch? Das alles kann Greta nicht verstehen. Nur weil man etwas essen kann, heißt das ja nicht, dass man es essen muss, oder?

Der einzige Käse, den Greta akzeptiert, ist junger Gouda. Die einzige Schokolade Milka, am besten mit Oreokeksen. Das einzige Brot ist Weißbrot. Aber am Ende kommt sie immer wieder zu dem Schluss, dass nichts von alldem auch nur entfernt so gut schmeckt wie Spaghetti bolo und ein Nutellabrot am Morgen.

Lotta hingegen ist das Kind, das eigentlich alles isst, was man ihr vorsetzt. Sie kann auch wirklich alles essen. Lotta hat schon Heuschrecken gegessen. Kein Witz. Ich hatte mal von einer Fernreise eine Tüte mit Heuschreckenchips mitgebracht. Insekten sind als potenzielle Nahrungsquelle ja ziemlich hoch im Kurs. Würden alle von Fleisch auf Würmer und Käfer umsteigen, dann könnte der Planet noch viel mehr Menschen ernähren, und außerdem müssten wir uns nicht mehr um das Klima sorgen, weil Rinder nun einmal eins der Hauptprobleme der Erderwärmung sind. In einem Shop für seltsame Delikatessen hatte ich also diese Insektenchips erworben – und Lotta knusperte die Heuschrecken weg wie Erdnussflips. Das war beeindruckend.

Ich erinnere mich auch, dass Lotta früher als Kleinkind Fisch gerne mochte: und zwar vor allem die Augen. Wenn wir in einem Restaurant waren und jemand Fisch bestellte, fragte Lotta, ob sie denn vielleicht die Augen haben dürfe. Und stets hat der verblüffte Gast sie ihr überlassen und mit Grausen zugeschaut, wie eine Fünfjährige die Glubscher aus dem Fischkopf pulte und verspeiste.

Wenn jemand einen Atomschlag überlebt, dann Lotta. Sie würde es vielleicht nicht einmal bemerken.

Ich frage mich öfter, warum ich so selten mit allen meinen Töchtern in ein Restaurant gehe. Der Grund ist: Es ist mir einfach zu anstrengend. Und ein Restaurant mit der Speisekarte, die allen sofort zusagen würde, habe ich noch nicht gefunden. Es müsste eins sein, wo es Detox-Salat, Nutellabrot und Fischaugen gibt.

DER AST IM WALD

Was einem niemand sagt, bevor man Kinder kriegt: Das Leben mit Kindern ist mit unglaublich viel Kram verbunden. Egal, wie viel man wegschmeißt, es kommt sofort neuer Kram hinterher. Es ist eine schiere Flut von Zeug.

Ich war nie ein Konsumfeind. Ich liebe zum Beispiel Flohmärkte. Ich kann mich sofort in kleine Gegenstände vergucken. Ich kaufe, ich bestelle, ich empfange ein Paket. So bin ich zu vielen Kleinoden gekommen, die an sich völlig sinnlos sind. Wegen meiner Schwäche für alte mechanische Kameras etwa habe ich einmal eine kleine Spionagekamera gekauft, eine Minox. Es gibt keine Filme mehr dafür, es sein denn, man kauft welche, die irgendwelche Freaks von Hand zuschneiden, die kosten ein Vermögen. Deswegen benutze ich diese Kamera nicht.

Ich habe so viel Kram, der keinen Sinn hat. Ich könnte 80 Prozent meiner Habe verschenken, und mein Leben wäre nicht im Mindesten eingeschränkt. Es ist eine Belastung für jeden Haushalt, mit jemandem wie mir zusammenzuleben. Meine Frau versucht geduldig zu sein, aber ich bin mir sehr bewusst, was sie machen würde, wenn sie nur könnte: den ganzen Ramsch irgendwie loswerden. Sie ist eher für vernünftige Anschaffungen: ein neues Sofa, eine neue Küche, vielleicht einen neuen Verstärker für die Stereoanlage. Aber ich habe für Vernünftiges kein Händchen.

Schlimmer ist allerdings, dass ich nicht der einzige Müllsammler in der Familie bin. Kinder sammeln ständig Dinge. Am besten sammelt Juli. Im Frühjahr Blumen, im Herbst Kastanien, und wenn es im Winter in Berlin schneien würde, würde sie auch Schneebälle sammeln. Das Problem ist, dass diese Gegenstände in dem Moment, wo sie sie aufstöbert, höchste Priorität haben.

Juli hatte bei einem Waldspaziergang im Mai einen Ast aufgelesen, und damit wurde dieser Ast für sie zum wichtigsten Gegenstand der Welt. Der Ast wurde selbstverständlich mitgeschleift. Leider hatte Juli nicht viel Spaß daran, ihn mitzuschleifen. Sie fand aber, dass *ich* sehr viel Spaß daran haben würde. Als ich mich weigerte, bewegte sich Juli keinen Meter weiter, sie wollte aber auch den Ast nicht zurücklassen. Eher würde sie mit ihm zu einem neuen Baum verwachsen. Ich sagte ihr dann, dass dies ein ganz gewöhnlicher Ast sei. Einer, von denen es Hunderte im Wald gebe. Dass ein Ast in den Wald gehöre und auf keinen Fall in unsere Wohnung.

Juli protestierte: «Das ist mein Ast, den habe ich gefunden!»

Nun wollte ich weiter auf diesem Waldspaziergang, aber Juli begann zu heulen. Es war ein Heulen der Art, das mehr mit Wut als mit Traurigkeit zu tun hat und das von dem besonderen Kinderwissen befeuert wird, dass es wenig gibt, was Eltern mehr stresst als weinende Kinder (die eigenen).

Ich weiß, dass jetzt der Moment der Pädagogik gekommen war. Einer der Momente, wo Eltern konsequent sein müssen. Es verlangt eine gewisse Härte und Entschiedenheit. Ich ging also entschlossen auf Juli zu, nahm den Ast. Und trug ihn für sie weiter.

Sie folgte, noch immer leicht trotzend, aber im Bewusstsein, dass die Dinge sich in die richtige Richtung bewegten. Dann dauerte es nicht lange, da trug ich auch Juli. Juli also und den Ast.

Ich weiß, dass das falsch war. So werden kleine Terroristen gezüchtet. Kinder, die nur den eigenen Willen kennen und sowieso nur den akzeptieren. Juli könnte ein Kind werden, das sich stets mit voller Macht durchsetzen will, egal, was ist. Das ist das eine. Ich werde mich vielleicht einst an solche Momente zurückbesinnen und wissen: Da hätte ich was tun müssen, damals im Wald bei der Sache mit dem Ast.

Aber ich habe noch ein anderes Bild in Kopf. Es ist aus der Kinderperspektive. Der Vater, der herangestampft kommt, den Ast entreißt und ihn wütend in den Wald schleudert. Solche Momente, finde ich, können traumatisch sein. Du hast etwas geliebt, und dein Vater hat diese Liebe zerstört. Es war nur ein Ast, aber dein Vater hat nicht gesehen, was dieser Ast für dich bedeutet. Er hat sich darüber hinweggesetzt. Denn ich kann mir ja vorstellen, dass dieser Ast in so einem Moment kein Ast ist. Er ist etwas Magisches.

Es ist gut möglich, dass Juli in einem bestimmten

Moment in so einem Stock etwas Besonderes sieht. Und dass ich, hätte ich ihn ihr weggenommen, das Besondere zerstört hätte. Solche Momente tragen zur Demontage der Kindheit bei. Andere sehen den Zauber nicht, der den Dingen anhaftet. Sie sehen nur, dass ihr Kind gerade nervt.

Ich wollte nicht der Sargnagel von Julis kindlicher Welt sein, jedenfalls nicht wegen eines Stockes. Also kam der Stock mit nach Hause.

Es wäre ja okay für mich gewesen, wenn der Ast dann einen Ehrenplatz bekommen und Juli jeden Tag damit gespielt hätte. Ich wäre sehr stolz gewesen und könnte anderen Eltern sagen, dass unser Kind kein Spielzeug braucht, weil es mit Dingen spielt, die es im Wald findet. Ein toller pädagogischer Ansatz: phantasiefördernd und nachhaltig zugleich. Auf diese Weise ließe sich sogar das Klima retten. Hol dir den Wald in die Wohnung.

Aber ganz so lief es ja nicht. Denn als der Zauberast ins Zimmer kam, verwandelte er sich wieder in einen normalen Ast. In Dreck aus dem Wald, der nun in unserer Wohnung herumlag.

In solchen Fällen kann ich abwarten. Und irgendwann bringe ich den Ast dann heimlich in den Müll. Ich erledige ihn quasi hinter ihrem Rücken. Meist bemerkt Juli das gar nicht. Aber es kann passieren, dass sie nach einem halben Jahr plötzlich fragt: Wo ist mein Ast?

Der Ast ist dann natürlich längst entsorgt. Und ich werde zur Zielscheibe von Julis kindlicher Wut. Wie konnte ich nur diesen Ast wegwerfen? Warum? Das war doch der beste Ast von allen!

Nur weil ein Kind monatelang nicht an den Ast

gedacht hat, bedeutet das nicht, dass dieser Ast nicht plötzlich zum Artefakt in einem Spiel und damit der wichtigste Ast von allen wird. Und es ist völlig unverständlich, wie Papa, DIESER PAPA, einfach diesen Ast wegwerfen konnte. Hoffentlich gibt das dann nicht doch noch ein Trauma. Möglich wär's.

KINDERKRAM

Mich nerven aber nicht nur die Dinge, die die Kinder selbst anschleppen. Kinder sind wie Sterne, die Staub und Geröll aus dem Weltall anziehen. Eine Ursache davon sind die häufigen Kindergeburtstage, die immer wieder neue Ladungen kleiner Mitbringsel in den Haushalt spülen: Gummitierchen, Jux-Spielzeug wie Tröten, Stofftiere. Jedes für sich ein Traum – alle zusammen ein Albtraum.

Die kleinen Dinge sind eine Guerilla der Unordnung, sie sind überall, verteilen sich im Haushalt nach dem Prinzip der Entropie. Und morgens, wenn ich durch die Wohnung tappe und es noch dunkel ist, klebt immer irgend etwas unter meinem nackten Fuß. Man meint immer, dass es der Legostein sei, aber das stimmt nicht. In meinem Fall ist es entweder der Schleichtierwelpe, eine kleine Plastikfigur, die Juli hat liegen lassen, oder die Playmobilfigurenfrisur.

Playmobilmännchenfrisuren sind kleine Plastik-Haarteile mit scharfen Zacken, die sich tief in den Fußballen bohren. Ich weiß nicht, warum, aber meine Mädchen haben die Tendenz, Dinge, die man eigentlich heil lassen könnte, in kleinste Einzelteile zu zerlegen.

Playmobilfiguren haben nämlich häufig etliche Ausstattungsmerkmale: eine Manschette, einen Kragen, eine Mütze, eine Gamasche. Diese Accessoires kann man einfach an der Figur belassen; wenn man möchte, kann man sie aber auch abknibbeln und anderen Figuren anlegen. Oder im Raum verteilen.

Juli liebt es besonders, den Playmobilfiguren die kleinen Frisuren vom Schädel zu ziehen. Das ist nun einerseits gar nicht so einfach, andererseits sieht eine Playmobilfigur mit offenem Schädel auch gar nicht mehr schön aus. Eher wie ein Eimer mit Beinen. Ich weiß nicht, warum ein Playmobilmann nach dem anderen von Juli seiner Haare beraubt wird. Man liest ja immer wieder, dass Männer, die später im Leben schlimme Dinge anrichten, schon als Kinder auffällig waren, etwa indem sie Frösche mit Strohhalmen aufbliesen. Vielleicht sollte ich aufmerksamer sein, wenn meine Kinder solche Mikrograusamkeiten begehen.

Das Schlimme: Man kann das Zeug nicht einfach so entsorgen. Denn die Playmobilmännchenfrisur ist ja nicht einfach so Müll. Sie gehört ganz sicher zu einem Playmobilmännchen. Und erst wenn Männchen und Frisur nicht wieder zueinanderfinden, werden sie zu Abfall.

Noch fataler sind einzelne Figuren oder Karten aus Gesellschaftsspielen. Die Karte liegt auf dem Boden, wer weiß, warum, aber wenn sie in der Mülltonne landet, dann ist das Memory unbrauchbar. Ganz schlimm: Filzstiftkappen. Noch schlimmer: einzelne Puzzleteile. Erst indem man etwas wegschmeißt, macht man es kaputt.

Es leitet sich daraus also ein eindeutiger Auftrag ab.

Ich könnte nun, immer wenn etwas herumliegt, eine Ermittlung starten. Warum liegt das da? Wer hat das nicht wieder ordentlich zusammengepackt? Was soll das? Los, jetzt das Playmobilmännchen suchen, Marsch, Marsch! Andererseits könnte man das Playmobilmännchen selbst suchen, vielleicht hat man Glück und findet es, damit Juli ihm erneut die Haare abreißen kann. Oder man gibt sich einfach dem Chaos hin. Denn in einer Welt unendlicher Möglichkeiten, in der die Dinge ständig in Bewegung sind: Da muss es rein theoretisch irgendwann passieren, dass Playmobilmännchen und Playmobilmännchenfrisur, Filzstift und Filzstiftkappe, Puzzleteil und Puzzle ganz von selbst wieder zusammenfinden. Es geht gar nicht anders. Man muss nur abwarten. Ich warte.

IN DER FAHRSCHULE (1)

Als ich mit Juli an der Hand die Fahrschule betrat, wusste ich nicht, wer von uns beiden erstaunter war: Juli, weil so eine Fahrschule absolut nicht so aussah, wie sie sich eine Schule vorgestellt hatte. Ich, weil diese Fahrschule genauso aussah wie die, in der ich vor 25 Jahren meinen Führerschein gemacht hatte.

Ich hatte Juli von der Kita abgeholt, und plötzlich waren wir an dieser Fahrschule vorbeigekommen. Ich hatte sie nie zuvor registriert, aber jetzt, wo ich unmittelbar davorstand, kam es mir wie ein Zeichen vor. Also hatte ich die Tür geöffnet, und nun waren wir drin.

Ein Büro mit grauem Teppichboden und einer Regalwand, in der nichts stand außer einer Kletterpflanze und dem Modell eines Citroën 2 CV. An der Wand eine Magnettafel mit Verkehrssymbolen. Ein Hufeisen aus Tischen mit ein paar Stühlen. Hier wurden wohl die Theorie-Stunden gegeben. Dann waren da ein Schreibtisch, auf dem nichts stand als ein Computer, wie man ihn bei Lidl kaufen kann, und eine elektrische Schreibmaschine, wie man sie nirgends mehr kaufen kann. Ich hatte keine Ahnung, dass es überhaupt noch elektrische Schreibmaschinen gab.

Hinter der Schreibmaschine hockte mit rundem Rücken eine Frau mit kurzen schwarzen Haaren und großen Augenringen. Sie bemerkte mein Erstaunen. «Was meinen Sie, was ich mich gefreut habe, als ich diesen Trumm hier entdeckt habe!», sagte sie mit verächtlichem Blick auf die Schreibmaschine. «Mit so was arbeitet man heute doch gar nicht mehr! Und der Computer hier, der ist ungefähr halb so schnell wie der, den ich zu Hause habe.»

«Papa, ist das eine Schule?», fragte mich Juli.

Mir dämmerte, dass das jetzt kein guter Moment sei, um bei Juli die Lust auf die Schule zu wecken. «Das ist eine Schule für Papa», sagte ich.

Juli wurde klar, dass Papa in großen Schwierigkeiten sein musste und dass dies keine Schule der Art war, wie man sie gerne mochte. Papa musste nachsitzen. Vielleicht musste auch die Frau nachsitzen, die hinter dem Schreibtisch saß. Jetzt erst fragte die Frau, was ich denn wolle. Ich frage mich, was sie wohl annahm, was jemand, der an diesen düsteren Ort kommt, wohl wollen könnte? Einen Schreibmaschinenkurs?

Ich musste daran denken, wie ich schon mal eine Fahrschule besucht hatte, damals, nach meinem Abi. Auch da hatte ich mich so gefühlt, als müsste ich wieder in die Schule gehen. Nur dass sich dort niemand für mich interessierte. Es waren auch ein paar Mädchen dabei, die ich hübsch fand. In der Schule hatte es öfter funktioniert, mit Witzen auf mich aufmerksam zu machen. Als der Fahrlehrer erläuterte, wie man vorsichtig an einen Zebrastreifen heranfährt, stets in defensiver Fahrweise, sagte ich: «Außer, es ist eine alte Oma auf dem Zebrastreifen, dann muss man aufs Gas drücken, um etwas gegen die demographische Krise zu tun.» Keiner lachte, keiner reagierte überhaupt. Ich war erschüttert. Bei der theoretischen Prüfung schließlich fiel ich durch. Bei der ersten praktischen Prüfung übrigens auch: Meine Fahrt hatte nur etwa 500 Meter betragen und an einem Zebrastreifen geendet. Fast hätte ich dort eine Oma überfahren.

Und 25 Jahre später war ich nun wieder in einer Fahrschule. Die Sekretärin druckte mir einen Bogen aus, auf einem Drucker, über den sie auch schimpfte. Ich musste etwas unterschreiben, allein das Unterschreiben kostete schon fünfzig Euro. Sie sagte, es sei momentan sehr viel los, es könne also dauern, bis ein Fahrlehrer Zeit für mich habe. Zu viele Termine. Sehr viele Lkw- und Bus-Führerscheine, die gerade gemacht würden. Viele Umschulungen, vom Arbeitsamt bezahlt. Ich solle etwas Geduld haben. Ich nickte. Juli neben mir war sehr still.

Als wir die Fahrschule verlassen hatten und die Frau sich wieder fluchend ihrem Computer zuwandte, fragte mich Juli: «Papa, willst du wirklich Auto fahren? Du kannst doch gar nicht Auto fahren! Du machst einen Unfall, dann ist alles kaputt!»

Wenn mir noch mal irgendjemand erzählt, Kinder hätten die Tendenz, ihre Eltern zu vergöttern, mache ich ihn mit meiner jüngsten Tochter bekannt.

ICH WILL KEINEN HUND

Es ist nicht so, dass Autofahren das Einzige wäre, womit ich meiner Rolle als fürsorglicher Vater gerechter werden könnte. Ich könnte auch einen Hund kaufen. Denn das ist eine der häufigsten Fragen von Lotta: «Warum haben wir eigentlich keinen Hund?»

Wir leben in einer Großstadt, in einer Wohnung im dritten Stock, die, wenn alle zu Hause sind, auch einen durchaus vollbesetzten Eindruck macht. Natürlich ist das, was uns am meisten fehlt, ein Hund. Die Kinder verstehen nicht, warum wir keinen Hund haben – denn alle anderen haben einen Hund. Alle. Es gibt in dieser Stadt keine andere Familie ohne Hund. Echt nicht. So sieht es zumindest Lotta.

Man kann ja auch durchaus den Eindruck bekommen, dass ihre These stimmt: Wenn ich morgens aus dem Haus gehe, ist eigentlich jeder Mensch mit einem Hund unterwegs. Offenbar gibt es in dieser Stadt keinen anderen Grund, morgens vor die Tür zu treten, als dass dich ein Köter aus dem Bett zerrt. Ich sehe diese Menschen durch das Kalt der Morgenluft stolpern, bis das Tier sich in Ruhe am nächsten Stadtbaum erleichtert hat. Dann friemeln sie eine Plastiktüte aus der Jacke, treten an die

Notdurft heran, klauben sie auf, fingern einen Knoten in die Tüte und tragen das Ganze bis zur nächsten Mülltonne. Nach all der Zeit, die ich am Wickeltisch verbracht habe, ist das genau die Weise, wie ich meinen Tag nicht mehr beginnen möchte.

Die Einzigen, die es mit ihren Hunden anders machen, sind die Bewohner der anarchistischen Bauwagen-Burg einen Block weiter. Die lassen ihre Hunde mit Wonne an die SUVs pinkeln. Das ist vielleicht der erste Moment von antibürgerlicher Opposition, den diese Leute morgens erleben. Womöglich reicht das dann für den ganzen Tag an Widerstand. Ich sehe sie übrigens auch nie irgendwelche Plastikbeutel aus ihren Taschen ziehen.

Es ist nicht so, dass ich etwas gegen Hunde hätte. Ich weiß einfach nur, dass so ein Tier mit vielen Pflichten verbunden ist, denn ich hatte selbst als Kind einen Hund, es war ein Boxer. Ich würde also einer dieser Morgenmenschen werden, die sich, noch bevor sie sich überhaupt richtig angezogen haben, von einem schwanzwedelnden Vierbeiner durch den Morast Berlins ziehen lassen. Aber das wäre ja erst der Anfang. Ich würde den Hund füttern müssen, ich würde mit ihm zum Tierarzt müssen und so weiter.

Aber so viel weiß ich von meinen Töchtern: Jedes Tier finden sie in ihrer Vorstellung wunderbar. Das langweilige Versorgen ebendessen überlassen sie gerne mir. So jedenfalls war es bei den einzigen Tieren, die wir tatsächlich einmal in unserem Haushalt hatten: Kaninchen.

Im Hinterhof unseres Hauses ist ein Kaninchengehege. Als die Familien hier einzogen, war dies ein Wunsch mancher gewesen: Man möge ein Kaninchengehege im Hinterhof haben, und jede Familie übernähme die Pflege eines Kaninchens. Es war also gleich ein gewisser Gruppenzwang bei der Sache. Wir wären die einzige Familie gewesen, die gesagt hätte, dass ihre Kinder keine Kaninchen haben sollen. Ich wollte nicht der Vater sein, dem seine Kinder ihr Leben lang vorwerfen würden, dass sie keinen süßen Hoppelpoppel haben durften.

Das Kaninchen, das wir zugeteilt bekamen, hieß Lina und war hellbraun und sehr niedlich. Die Kinder liebten es. Man konnte Lina etwa aus dem Stall nehmen und ein bisschen draußen herumhüpfen lassen. Man konnte ihr eine Leine umlegen und mit ihr Gassi gehen. Man konnte ihr kleine Leckerlis geben. Wenn man Lina auf den Schoß nahm, erstarrte sie, und man konnte sie streicheln wie ein Stofftier.

Unter den Familien wurde der Kaninchendienst aufgeteilt. Im Wechsel musste man eine Woche lang den Stall sauber halten und den Tieren einmal morgens und einmal abends Futter geben sowie das Wasser auffüllen. Das war die anstrengende Seite des Kaninchenhabens. Und darauf hatten die Kinder irgendwie keine Lust.

Selbstverständlich war auch dies Teil des Plans gewesen. Die Kinder sollten Verantwortung lernen. Sie sollten sehen, dass ein Tier auch Arbeit macht. Das sahen die Kinder tatsächlich. Und überließen die Arbeit ihren Eltern. Denn egal, wie streng ich daran erinnerte, dass morgens die Kaninchen gefüttert werden mussten: Die Kinder hatten leider keine Zeit mehr. Also griff ich mir irgendwann die Tüte mit Karotten und das Trockenfutter, stapfte in Hausschuhen und Morgenrock in den schlammigen Kaninchenstall und bewahrte die Tiere vor dem Verhungern. Am Wochenende mahnte ich die Kinder, den Stall zu säubern. Das war nun wirklich keine schöne Aufgabe. Man musste das Bodenblech herauszerren und anschließend den ganzen Dreck in die Mülltonne schütten. Die Hälfte ging daneben, dann musste man das Kehrblech nehmen und alles auffegen. Der Kaninchenkot lag im ganzen Gehege, man musste ihn mit einem Rechen zu Haufen machen und rausschaufeln. Es war ein bisschen, wie einen Pferdestall ausmisten, mit ganz kleinen Pferden eben. Wenn man den Mist entfernt hatte, hatte das etwas Befriedigendes, aber eben nur ein bisschen. Für die Kinder war das nicht befriedigend genug. Sie überließen den Mist lieber mir. Dabei sagten sie nie, sie würden den Stall nicht sauber machen. Sie sagten stets: «Ja, das mache ich gleich», oder: «Ich mach das heute noch!» – so lange, bis ich es machte, weil es draußen schon dunkelte und ich nicht als Mitglied einer Schmutzfinken-Familie vor den Nachbarn dastehen wollte.

Soso. Die Kinder sollten lernen, Verantwortung zu übernehmen. Was sie lernten, war, Arbeit zu delegieren. Das ist auch etwas wert. So wird man mal Führungskraft.

Ich habe mich mit den Kaninchen nie anfreunden können. Kaninchen sind Tiere, die überhaupt kein Interesse am Menschen haben. Sie hocken herum, fressen und graben. Glücklicherweise waren unsere Kaninchen kastriert und sterilisiert, deswegen konnten sie sich nicht vermehren. Manchmal entdeckte ich morgens, dass die Kaninchen sich über Nacht aus dem Gehege gegraben hatten. Dann musste man sie einfangen. Sie hätten sonst alle Blumen im Garten abfressen, von einer Katze erbeutet werden oder aus dem Hauseingang entkommen können. Wenn man also morgens die Kaninchen durch den Hinterhof hoppeln sah, konnte man die nächste Stunde damit verbringen, ihnen hinterherzujagen. Kaninchen sind Fluchttiere, das bedeutet, selbst ein fettgefressenes Löwenkopfkaninchen ist für einen einzelnen Mann kaum zu fangen. Ich kam regelmäßig zu spät in die Arbeit und konnte doch schlecht als Entschuldigung vorbringen, dass ich Kaninchen jagen war.

Das Kaninchen, das unser Kaninchen war, Lina, mobbte die anderen Kaninchen. Ich dachte, das wäre etwas, was nur Menschen machen. Die Nachbarn sagten öfter, Lina drangsaliere die anderen Kaninchen – mit einem Unterton, als wäre das meine Schuld. Als hätte ich Lina nicht richtig erzogen. Ich hätte am liebsten geantwortet, dass ich ja nix dafürkann, wenn alle anderen solche Loser-Kaninchen hätten. Aber das habe ich natürlich nicht gesagt.

Die anderen Kaninchen waren wirklich Luschis. Lina musste gar nicht viel machen, um sie in Angst und Schrecken zu versetzen. Sie hatte kein Problem damit, andere zu verprügeln, sie hatte ein anderes Problem: Eines Tages waren alle Kaninchen zur Routine-Untersuchung beim Tierarzt. Aber nur bei Lina war etwas auffällig: Sie hatte einen vereiterten Kiefer. Sie musste sofort in die Tierklinik.

Die Klinik, in die wir Lina brachten, war auf Nagetiere spezialisiert. Lina musste ein Zahn entfernt werden, und sie brauchte Antibiotika. Und sie musste einige Tage in der Klinik bleiben. Jeder Tag kostete vierzig

Euro. Als wir Lina wiederhatten, hatten wir mehr als 500 Euro ausgegeben.

Zu Hause musste Lina dann mit der Spritze ernährt werden. Mit Kraftfutter, das so viel kostete, als würde man es im Restaurant bestellen. Es schmeckte ihr nicht einmal. Nach Wochen konnte sich Lina endlich wieder selbst ernähren. Und dann dauerte es nur einige weitere Wochen, bis sie erneut in die Tierklinik musste. Der Kiefer war wieder vereitert.

Ich musste mir erklären lassen, dass so etwas nicht zufällig passiert. Löwenkopfkaninchen haben eine kleine Mähne, die sie ein bisschen wie Punkrocker aussehen lässt. Sie werden auch darauf gezüchtet, dass sie kurze Schnauzen haben, damit ihre Köpfe sehr rund und klein aussehen. Denn kleine Köpfe mit großen Augen wirken besonders kindchenhaft. Allerdings lassen sich die Zähne der Tiere nicht so leicht kleiner züchten. Sie sind für die kleinen Köpfe viel zu groß. Deswegen bekommen die Tiere im Alter irgendwann Probleme. Schlimme Entzündungen. Die Kaninchenzucht-Industrie setzt also darauf, dass die Kaninchen schon früher umkommen.

Kaninchen sind, so, wie ich sie kennengelernt habe, die Meister der würdelosen Tiertode. Kaninchen sterben, weil sich jemand aus Versehen drauflegt, sie büxen aus und werden auf der Straße überfahren, sie werden vom Nachbarshund gerissen. Oder sie sterben einfach an Vernachlässigung. Dass Hipster-Eltern ein vorbildliches Gehege aufbauen, damit Kaninchen möglichst artgerecht gehalten werden können, ist nicht vorgesehen.

Die Entzündung war so schlimm, dass die Tierärztin keine Hoffnung mehr sah. Wir mussten Lina einschläfern lassen. Das Tier starb in meinen Armen. Mir standen Tränen in den Augen. Ich bin für so etwas nicht gemacht. Das ist der Gang der Dinge, sagte ich mir. Ein paar Jahre Arbeit und Ärger und dann ein schlimmer Tod. Und genau das ist der Grund, warum ich nie einen Hund haben möchte.

Als Lina starb, war keine der Töchter da. Alle waren auf Klassenfahrten. Als sie zurückkamen, war Lina schon unter der Erde. Meine Töchter hatten viel Freude daran, ihr Grab zu dekorieren.

Die anderen Kaninchen in der Stallung lebten noch länger. Die jeweiligen Paten kümmerten sich aufopferungsvoll um sie. Manche wurden täglich eingefangen und mit Aufpäppelungsnahrung versorgt. Ich war sehr erstaunt, wie viel Liebe man einem Tier zukommen lassen kann, das von dieser Liebe rein gar nichts zurückgibt. Einem Tier, das nur Fressen fordern und Dreck produzieren kann, vielleicht kratzt es einen auch mal oder so. Es ist schon erstaunlich, dass solche Hingabe überhaupt möglich ist.

Aber dann wiederum war ich ganz froh, bei meinen Töchtern gewiss sein zu können, dass sie nur dann Hingabe zuteilwerden lassen, wenn sie diese auch zurückbekommen. Das erleichtert ihnen wahrscheinlich viele Beziehungen im späteren Leben. Tut mir leid, Lina, dass du für diese Erkenntnis draufgegangen bist.

Und darum gibt es keinen Hund bei uns.

MUSIK IST DAS LEBEN

Lotta und Greta haben die Musik für sich entdeckt. Damit meine ich nicht etwa die klassischen Etüden, die sie auf ihren Musikinstrumenten spielen: Klarinette und Klavier höre ich sie nicht so oft üben. Es ist eher die Musik, die aus Spotify kommt. Das scheint unweigerlich im Leben eines Jugendlichen so zu kommen. Für einen Vater bedeutet es, dass man die Musik der Kinder gleich für sich mitentdeckt. Man hat nämlich keine Chance, dem Sound der Jugend zu entkommen.

Es fing damit an, dass Lotta und Greta sich Bluetooth-Boxen für ihre Handys wünschten. Ich hielt das für einen relativ ungefährlichen Wunsch. Ich freue mich ja eher, wenn auch mal ein technisches Gerät bei den Kindern gefragt ist. Kaum waren unsere Töchter aber in Besitz eines solchen kleinen Lautsprechers, der für seine Größe erstaunlich laut ist, verwandelte sich die Wohnung in eine Mehrebenen-Clubdisco, und die jeweiligen Zimmer, in denen sich die Kinder gerade befanden, wurden die Tanzebene. In dem einen Raum dröhnte Austin Mahone, ein junger Sänger aus Texas, der seine Karriere auf YouTube mit Justin-Bieber-Coversongs gestartet hatte, während im nächsten schon Taylor Swift donnerte. Der feine Unterschied zwischen einer konventionellen Stereoanlage und einer Bluetooth-Box ist ja, dass Erstere stationär im Zimmer angebracht ist. Man kann dann kopfschüttelnd die Tür zumachen. Letztere aber bewegt sich mit dem Jugendlichen durch die Wohnung: Wo immer er ist, ist auch seine Musik. Sie bewegt sich etwa morgens vom Kinderzimmer zum Kühlschrank, verweilt dort lange, zieht von da ins Bad, weiter zum Kleiderschrank und dann in wilder Panik durch die ganze Wohnung auf der Suche nach Schuhen, Schlüssel und den Unterlagen für den Biologieunterricht, bevor sie durch die Haustür geht und in der Ferne verhallt. Und das Ganze muss man sich dann mal zwei vorstellen: zwei Soundanlagen, die sich gleichzeitig durch die Wohnung bewegen, sich immer wieder begegnen, umeinanderkreisen und dann weiterziehen. Es ist ein Duett der Superstars. So etwas gibt es sonst nur beim MTV-Award – bei mir zu Hause jeden Morgen.

Es ist ein bisschen so, als hätte man die Lovearade zu Gast, würde allerdings keinen Techno mögen. Ich habe Techno nie geschätzt, ich war auch nie so gerne in Clubs. Vor allem, weil man in Clubs immer schreien muss, selbst wenn man ein intimes Gespräch führt («DU ICH WOLLTE DIR SAGEN, DASS ICH DAUERND AN DICH DENKEN MUSS!» – «WAS?!» – «ACH EGAL!»).

Wenn man Kinder im Haus hat, sollte man natürlich nicht gegen Lärm empfindlich sein, ich bin es aber dennoch. Ich will das gar nicht, ich weiß ja, dass ich auch gerne Musik gehört habe, als ich Jugendlicher war. Aber doch nicht so was wie Austin Mahone! Er singt, als würde er die ganze Zeit mit einem riesigen Plüschteddy knuddeln. Alles ist so super samtig! Es scheint mir, als seien bei der heutigen Musik die E-Gitarren und Bässe einfach mit einer Extraladung Daunenkissen erstickt worden, und nun dudelt alles so dahin. Zu was im Leben soll das denn der Soundtrack sein, wenn nicht zu schmachtender Liebe? Aber den ganzen Tag schmachtende Liebe um mich herum zu haben, das ist zu viel.

Also machte ich meinen Töchtern eines Tages eine Ansage: «Ich will nicht mehr, dass ihr die ganze Wohnung mit euren Bluetooth-Dingern beschallt. Wer Musik hören will, kann sich gefälligst Kopfhörer nehmen!» Lotta und Greta waren heftig enttäuscht von mir. Sie hatten ihren Vater bislang als einen modernen Vater eingeschätzt. Wobei «moderner Vater» wohl bedeutet, dass er alles gutheißen soll, was seine Töchter so anstellen. Moderne Väter beschweren sich nicht über die Musik ihrer Kinder, sondern swingen einfach mit. Aber ich swingte nicht, ich musste den Kopf zwischen die Schultern ziehen vor all der Zuckerwatte, die mir um die Ohren flog. Ich war ein meckernder älterer Herr geworden. Aber es war mir egal. Hauptsache, Austin würden die Klappe halten.

Letztlich nahmen Lotta und Greta die Sache pragmatisch und tauschten die Lautsprecher gegen Kopfhörer aus. Von da an war ich alleine zu Hause. Nun stiefelten die Kinder durch die Wohnung, zupften sich im Bad die Augenbrauen, schmierten sich in der Küche einen Toast, die Köpfe zwischen dicke Kopfhörerkissen gepackt – und nahmen dabei keinerlei Notiz mehr von mir. Ich war nun nicht mehr alt, ich war eigentlich eher tot, wie ein Geist, der durch die eigene Wohnung schleicht und versucht, dort mit den Menschen Kontakt aufzunehmen:

«Hallo, Lotta, wie war es heute in der Schule?»

«...»

«Lotta?»

«...»

«Lotta! Hallo, hör mal!»

«...»

«LOTTA! HE!»

«...»

«LOOOOTTAAAAAA!!!»

«...»

Um die Aufmerksamkeit meiner Kinder zu bekommen, musste ich direkt vor sie treten und mit beiden Armen rudern wie jemand, der am Rand eines Swimmingpools das Gleichgewicht verliert. Worauf sie mich anguckten, als müssten sie kurz überlegen, wer ich noch mal war. Dann hoben sie einen Kopfhörer leicht ab.

«Was'n?»

«Wie war es denn in der Schule?»

«Gut.»

Und schon war der Kopfhörer wieder auf dem Ohr.

Dass man mich nicht mehr wahrnahm, bedeutete allerdings nicht, dass seitdem Ruhe gewesen wäre. Nun hielt Austin Mahone den Mund, aber dafür hörte ich meine Töchter den ganzen Tag einzelne Textbrocken mitsummen. Ich habe sie mal gesammelt und hintereinander gereiht:

We stay we go
If I told you
I like you

All I ever need
Is you
All I wanna do
Is falling in love
With you
Dubidab
Dubidab

Ich glaube, ich fresse einen Eimer Kreide und mach mit diesem Song Gesangskarriere bei YouTube.

IN DER FAHRSCHULE (2)

Als ich mich zu meiner ersten Fahrstunde in der Fahrschule einfand, traf ich auf einen jungen Mann. Er stellte sich als Herr Werner vor. Seinen Vornamen nannte er nicht. Herr Werner war etwa so groß wie ich, er hatte kurze Haare und in jedem Ohr einen goldenen Ring. Er sagte: «Sie sind also der neue Fahrschüler.» Ich sollte Schüler werden von jemandem, der so alt war wie ich, als ich mein Studium abbrach.

«Wenn Herr Werner Ihnen nichts Richtiges beibringt, dann hauen Sie ihm eine auf den Kopf», hatte die Sekretärin gesagt und gelacht. Später verstand ich: Herr Werner war Nachwuchsfahrlehrer. Er hatte so gar nichts von dem Zynismus, den man mit Fahrlehrern sonst in Verbindung bringt. Fahrlehrer hatte ich immer als eher missmutige Menschen kennengelernt, verdammt zu einem Leben auf dem Autositz, neben Menschen, die sich unsicher durch den Verkehr schlängeln – einen Verkehr, der wiederum aus lauter Menschen bestand, die alle schlechter Auto fahren als der Fahrlehrer. Ich dachte, für einen Fahrlehrer sei Autofahren eine unterschätzte Kunst, die kaum jemand beherrsche. Fahrlehrer bewegten sich durch eine Welt aus Nichtblinkern, Kurvenschneidern, Schulterblickvergessern. Herr Werner war nicht ein solcher Fahrlehrer.

Herr Werner nannte das, was wir machten, «Auffrischungsstunden». Genauso gut könnte man eine Notoperation als Wellnesskur bezeichnen. Herr Werner fragte, wann ich das letzte Mal Auto gefahren sei. Als das der Fall war, war Herr Werner noch ein Kind. Ich sagte ihm, dass ich seit meinem Führerschein 1997 kaum gefahren sei. Herr Werner nickte, als habe er das schon oft gehört. Als sei das gar kein Problem.

Er fragte mich, ob ich mir zutrauen würde, jetzt sofort von der Fahrschule loszufahren. Oder ob ich erst einmal auf dem Parkplatz üben wolle. Ich wusste, dass es richtig gewesen wäre, einfach loszufahren. Mich in die Herausforderung zu stürzen. Ich sagte aber, es wäre gut, erst einmal auf dem Parkplatz zu üben.

Wenn ich in einem Auto sitze, dann bekomme ich regelmäßig Angst. Es ist aber keine irrationale Angst. Es ist nur die Wahrnehmung von Realität. Ich sitze in einer Maschine, in der unablässig ein Benzin-Luft-Gemisch zur Explosion gebracht wird. Und die auf diese Weise mit einer unvorstellbaren Kraft Räder antreibt. Genug Kraft, um ein anderes Auto in einen Blechhaufen zu verwandeln, mit zerquetschten Körpern darin. Ein falscher Tritt aufs Gaspedal, und ich könnte ein Kind auf einem Fahrrad töten. Ein falscher Blick in die falsche Richtung, und ich wäre selbst tot, zerschellt an einem Lichtmast.

Ich konnte kaum glauben, wie sich Menschen an das Steuerpult eines solchen Monsters setzen konnten und einfach losfuhren. Ich konnte nicht glauben, dass sich meine Frau einfach so ans Steuer setzte. Ich konnte nicht glauben, dass nicht mehr Schlimmes passierte im Verkehr. Dass so viele tausend Menschen jeden Tag diese Gefahr, die von ihnen ausgeht, einfach verdrängen können. Und ich konnte nicht glauben, dass *ich* diese Tatsachen eines Tages einfach würde verdrängen können. Es war, als würden den ganzen Tag Menschen mit entsicherten Waffen herumlaufen. Und ich wäre der Einzige, der das seltsam fände.

Herr Werner fuhr mich zu einem Parkplatz vor einem Baumarkt, und wir tauschten die Plätze. Er gab mir eine ausführliche Einführung. Wie schaltet man die Gangautomatik? Wo ist der Blinker, das Fernlicht, das Nebellicht, wo sind die Scheinwerfer? Er lehrte mich, die richtige Position des Lenkrads einzurichten, den Sitz einzustellen. Man musste den Sitz so hoch drehen, dass zwischen Schädeldecke und Autodach nur eine Faust passte. Erst wenn man richtig saß, konnte man die Spiegel einstellen. Innenspiegel und dann Außenspiegel. Ich fragte viel nach, ließ es mir gerne noch einmal erklären, denn ich konnte es nicht genau genug wissen. Jede Frage, die ich zwischen mich und die Abfahrt werfen konnte, war es mir wert, gestellt zu werden. Wie war das noch mal mit dem toten Winkel? Ich fragte auch andere Sachen. Wie lange er schon Fahrlehrer sei? Ach, nur ein halbes Jahr? Was er vorher gemacht habe? Ein paar andere Sachen? Was denn? Oh, er war gelernter Bäcker? Wie sei das denn so?

Herr Werner drängte mich nun zur Fahrt. Innenspiegel, Außenspiegel, Schulterblick, Blinker und los. Das Monster setzte sich in Bewegung und schlich langsam über den Parkplatz. In mir stieg Unruhe auf. Wir drehten ein paar Runden zwischen den parkenden Autos. Dann sollte es rausgehen auf die öffentliche Straße. Herr Werner gab mir die Anweisungen: «Rechts einordnen, Blinker setzen.»

Ich sagte immer laut, was ich tat. Ich blickte in den Innenspiegel, in den Außenspiegel, ich blickte über die Schulter. Ich bog ab, achtete auf Radler. «Ich achte auf Radler», sagte ich. Das gefiel Herrn Werner. Ob das auch meinen Töchtern gefallen würde? Wenn ich während der Fahrt dauernd palaverte?

Ich war schon völlig verschwitzt, als wir am Ziel ankamen, einer Filiale der Fahrschule in einem anderen Stadtteil. Wir wechselten das Fahrzeug und stiegen nun in ein Auto mit Gangschaltung. Jetzt war ich wieder Beifahrer und konnte meinem Fahrlehrer noch mehr Fragen stellen. Er wohnte in einem Dorf außerhalb Berlins. Er wollte noch mehr Prüfungen für noch mehr Fahrzeuge machen, damit er besser verdienen würde. Als Bäcker hatte er nämlich nicht genug verdient. Dann wurde er Polier am Bau, das war aber auch nicht lukrativer. Dann wurde er Landschaftspfleger, das war schon besser bezahlt. Und jetzt Fahrlehrer. «Ich will immer weiterkommen», sagte Herr Werner.

Mir wurde klar, welche Gräben zwischen uns lagen. Ich war ständig von Leuten umgeben, die davon redeten, man müsse das Benzin und Kerosin verteuern, damit die Leute nicht mehr so viel Auto fahren oder in den Urlaub fliegen. Für uns Bessermenschen würde das keinen großen Unterschied machen. Für Herrn Werner würde es heißen: noch weniger Geld zum Leben übrig – und keinen Urlaub mehr. Jedenfalls keiner im fernen Ausland. Es würde heißen: weiter Urlaub für mich, kein Urlaub mehr für Herrn Werner. Ich überlegte mir, wie ich Herrn Werner zum Grünen-Wähler machen konnte, es fiel mir nicht ein.

Herr Werner setzte mich in meiner Straße ab. Es war dunkel, und es regnete, als ich durch Pfützen in meine Welt zurücktrottete.

KINDER AM MORGEN

Am nächsten Morgen musste ich Juli zur Kita bringen. Juli ist ein Meister in der präventiven Verweigerung. Nicht, weil sie nicht tut, was ich ihr sage. Sie tut das Gegenteil. Als ich ihr sagte, sie solle sich beeilen, weil wir nun zur Kita müssten, wurde sie plötzlich sehr, sehr langsam. Sie wurde so langsam, als bewegte sie sich durch schweres Öl. Die Bewegung, den Reißverschluss der Jacke zu schließen, erstarb fast. Ich wurde nervös, aber ich riss mich zusammen, denn ich wollte auf keinen Fall wütend werden. Wütende Väter am Morgen sind doch das Allerletzte, oder? Ich will ein selbstbewusster Vater sein. Mit ruhiger Hand führend, meiner Sache sicher. Nie aus der Haut fahrend. Es gibt solche Väter.

Ein befreundeter Vater beispielsweise ist Herzchirurg. Er hat etwas sehr Ruhiges, aber auch Bestimmtes, und selbst dann schwingt ein feiner Humor mit. Ich kann mir bei diesem Mann gar nicht vorstellen, dass er laut, und schon gar nicht, dass er wütend wird. Wenn er einem Patienten mitteilen müsste, dass er leider nur noch kurze Zeit zu leben hat, dann würde er es verstehen, dies in einem so verbindlichen Ton zu tun, als sei es eigentlich keine ausschließlich schlechte Nachricht. Dass er seine Kinder anherrscht? Unvorstellbar. Wäre er in meiner Situation, dann würde er sich jetzt zu seiner kleinen Tochter herunterbeugen und ihr ruhig sagen, dass es doch überhaupt nicht gut ist, wenn sie jetzt so extra langsam macht, weil man dann doch gar nicht pünktlich in die Kita kommt. Die Kleine würde sich automatisch sehr beeilen.

Ich nehme mir immer wieder vor, ganz genau so besonnen zu sein. Also beugte ich mich herunter zu Juli und sagte: «Guck mal, Juli, wenn du dich jetzt so gar nicht beeilst, dann werden wir zu spät zur Kita kommen, und alle werden uns komisch angucken, weil wir die Letzten sind. Das wollen wir doch nicht, oder?»

«Ich beeil mich doch!», sagte Juli und schloss den Reißverschluss noch langsamer. So langsam, dass man überhaupt nur noch eine Bewegung feststellen könnte, würde man eine Zeitraffer-Aufnahme davon machen.

Ich trieb sie an: «Aber guck doch mal, das ist doch jetzt doof, wenn du mich ärgerst, dann haben wir doch keine schöne Stimmung hier. Das würdest du doch auch nicht wollen, dass ich gaaanz langsam mache, wenn wir uns eigentlich beeilen müssen.» Ich sagte das immer noch betont ruhig, BETONT ruhig, aber nicht mehr herzchirurgenruhig. Es brodelte in mir.

Jetzt erstarb Julis Bewegung vollends. Sie stand da wie eingefroren, als wären wir in einem Märchenschloss, und Dornröschen wäre gerade von der Spindel gestochen worden.

«VERDAMMT NOCH MAL, BEEIL DICH GEFÄLLIGST,

WIR MÜSSEN DRINGEND LOS! WAS BILDEST DU DIR EIGENTLICH EIN!», polterte ich los.

Dann lächelte Juli mich an. «Scherz!», sagte sie und zog die Jacke zu.

DIE DEMO

Ich frage mich in solchen Situationen, was eigentlich Autorität ist. Man fühlt sich, als hätte man Autorität, wenn die Kinder das tun, was man von ihnen will. Und als hätte man sie nicht mehr, wenn die Kinder das tun, was sie selbst wollen. In diesem Sinne ist Erziehung ein ständiger Kampf gegen fortschreitenden Autoritätsverlust. Denn die Kinder machen ja eigentlich selten, was man von ihnen will, man muss es ihnen immer wieder antragen. Und je größer die Kinder werden, desto mehr machen sie, was sie selbst wollen. Und irgendwann hören sie gar nicht mehr auf das, was man ihnen sagt.

Eines Morgens meinte Lotta: «Morgen gehe ich nicht in die Schule, ich demonstriere für das Klima.»

«Wie bitte?»

«Ja, es gibt eine Schülerdemo gegen den Klimawandel, die ist um zwölf. Die Schüler streiken gegen die Generation der Erwachsenen, die nichts tut, um unseren Planeten zu retten.»

Die Generation der Erwachsenen, das war ja ich. Meine Tochter wollte also gegen mich demonstrieren, weil ich versäumt hatte, den Planeten zu retten. Demzufolge würde meine Tochter den Unterricht versäumen.

«Meine Liebe, es gab letztes Wochenende eine Demonstration für klimafreundliche Landwirtschaft in Berlin, da hättest du mal hingehen sollen, wenn dir das Thema wichtig ist.»

«Aber wenn wir kein Zeichen setzen, lernt ihr nichts!»

«Was ist das denn für ein Zeichen, wenn du die Schule schwänzt? Dann bekommst du unentschuldigte Fehlstunden und versaust dir deine mündliche Note.»

«Wenn ich einfach weiter in die Schule gehe, dann habe ich gar keine Zukunft mehr.»

«Es gibt aber auch eine Pflicht, in die Schule zu gehen, das ist kein freiwilliges Programm!»

«Aber es gibt wohl keine Pflicht, für unseren Planeten zu sorgen? Was ist damit?»

«Das eine ist eine politische Meinung, das andere ist ein Gesetz.»

«Also ist Schule wichtiger als die Zukunft der Erde?»

«Nein, äh ... aber wenn du die Schule verweigerst, wird davon nicht die Erde gerettet, sondern das Jugendamt kommt.»

«Ja, aber manchmal ist es wichtig, für die richtigen Dinge einzustehen.»

Sollte ich jetzt stolz sein, dass meine Tochter bereit war, Recht und Gesetz zu trotzen, um das Weltklima zu retten? Dass sie systemkritisch war und sich nicht mal durch staatliche Maßnahmen einschüchtern ließ? Es fühlte sich jedenfalls nicht so an.

«Du spinnst wohl, denkst du, ich hab Lust, von der Schule Ärger zu bekommen, weil du den Unterricht schwänzt? Wenn du die Welt retten willst, kannst du das am Wochenende tun.»

«Die Demo ist aber leider nicht am Wochenende!»
«Wenn du morgen nicht in die Schule gehst, dann ...»
Tja, was dann?

So weit war es schon mit mir gekommen: Ich drohte mit Repressalien? Strafen? Verhielt mich mit meiner väterlichen Autorität wie ein angeschlagenes Regime, in dem versucht wird, etwas aufzuhalten, was nicht aufzuhalten ist?

Ich ließ den Satz unvollendet.

Später erfuhr ich, dass auch Luna und Greta auf der Demo waren. Greta hatte mich gar nicht erst gefragt.

LEBEN ALS LIFEHACK

Man kann also festhalten: Greta kann Entscheidungen ganz gut alleine fällen. Und wo nicht mit Zustimmung zu rechnen ist, da fragt sie erst gar nicht nach. Sie weiß sich immer zu helfen. Ihr Leben ist ein einziges Lösen von Aufgaben. Es gibt nichts, was man nicht unter Kontrolle bekommen könnte. Es gibt höchstens das falsche YouTube-Tutorial.

Gretas Alltag ist voller Fünf-Minuten-Hacks. Fünf-Minuten-Hacks sind kleine Filme auf YouTube, in denen einem gezeigt wird, wie man die kleinsten und größten Probleme in den Griff kriegt. Etwa mit Backpulver. Laut Greta gibt es kaum ein Problem, das man nicht mit Backpulver beheben kann. Flecken, die nicht mehr rausgehen? Backpulver drauf. Ein verstopfter, übelriechender Abfluss? Backpulver rein, und alles wird gut. Eingebrannte Reste im Topf: schon mal mit Backpulver versucht?

Viele Fünf-Minuten-Hacks drehen sich auch ums Kochen. Es geht dabei einerseits darum, wie man, ohne wirklich kochen zu können, Gerichte hinbekommt, die zumindest lecker aussehen. Zum Beispiel: Man nehme ein Cupcake-Blech und gebe in die Höhlungen statt

Törtchenteig in Öl getränkte Kartoffelscheiben. Das Ganze in den Ofen, dann je ein Ei pro Form und schließlich Käse drüber. In der amerikanischen Küche sind frittierte Kartoffeln, Ei und geschmolzener Käse ein solcher Klassiker, dass es eigentlich gar nicht schiefgehen kann. Greta weiß auch, wie man praktisch keine Probleme mehr hat, die Kartoffeln zu schälen. Einfach nach dem Kochen kurz in Eiswasser tauchen, dann löst sich die Schale fast von selbst.

Meine Tochter hat mir sogar von einer Beschreibung erzählt, wie man einen Klodeckel so geschickt mit dem Schwimmer im Spülkasten verbindet, dass der ansteigende Wasserspiegel im Kasten nach dem Spülen dafür sorgt, dass der Klodeckel sich sanft senkt. Ich müsste mich also nie mehr darüber beschweren, dass meine Töchter immer den Klodeckel auflassen, wenn ich mein Life nur anständig hacken würde.

Die allerbesten Lifehacks aber bietet Heißkleber. Ihre Heißklebepistole ist Gretas Allzweckwaffe für das Leben. Heißkleber ist eine Kunststoffmasse, die durch Erhitzen flüssig und beim Erkalten wieder hart wird. Es ist also auch eine Art Modelliermasse. Alles, was zerbricht, lässt sich mit Heißkleber wieder kitten. Manchmal denke ich: Greta wartet nur darauf, dass etwas kaputt geht, damit sie mit der Heißklebepistole zur Stelle sein kann. Am effektivsten ist eine Heißklebepistole zusammen mit Backpapier. Vom Backpapier kann man die Heißklebemasse nämlich einfach wieder abziehen. Damit wird die Heißklebepistole zu einer Art 3D-Drucker. Man nimmt etwa einen Bogen Backpapier und malt mit der Heißklebepistole eine Fliegenklatsche darauf. Dann zieht man die erkaltete Masse ab – und hat direkt eine Fliegenklatsche. Das Bild wird also zu Realität.

Du musst morgens zur Schule und findest keinen Haargummi? Nicht so schlimm, nimm einfach einen Bleistift, leg eine Heißklebemassewurst darum, lass es kurz abkühlen und füge dann die Enden zusammen – schon hast du einen Haargummi. Es wird erst eng, wenn man morgens zur Schule will und keinen Bleistift findet, um damit einen Haargummi zu machen.

Ich bewundere Gretas Zugriff auf das Leben. Es heißt ja nicht nur, dass die Dinge generell lösbar sind – sie sind innerhalb von fünf Minuten lösbar! Von überall her drängen die Probleme: Kabelsalat von Ladekabeln, Kuddelmuddel bei den Socken, Besteck, das ungeordnet in der Schublade herumliegt. Greta weiß: Das alles müsste nicht sein.

Kleingeld, Haarklammern, Schlüssel, die überall herumliegen? Noch nie darüber nachgedacht, einer PET-Flasche den Hals abzusägen und die Trennstelle mit einem Bügeleisen zu veröden, sodass quasi zum Nulltarif viele schöne Sortiergefäße entstehen?

Wenn Greta die Unordnung ihres Vaters sieht, weiß sie: Sie wird es einmal besser machen. Ich bin mir sicher, in ihrer eigenen Wohnung wird sie für all diese Probleme eine Lösung parat haben. Ein Haushalt als Hack. Sie zählt bestimmt schon die Tage.

IM KONZERT

Luna dagegen hat schon ihren eigenen Haushalt. In ihrer Wohngemeinschaft hat sie ein Zimmer, dessen Zentrum eine große Klappleiter ist. Irgendein Freund hat sie ihr geschenkt, nachdem er sie auf einer Baustelle gefunden hatte. Wie man als Heranwachsender eben so Klappleitern findet. Des Weiteren bildet den Haushalt meiner ältesten Tochter ein großes Bett, auf dem sie die meiste Zeit verbringt und wo Klausurvorbereitungen genauso wie Mahlzeiten stattfinden. Das Zimmer ist ansonsten gefüllt mit verschiedenen Kissen und Decken, einem Kleiderschrank, Regalen, einem kleinen Schreibtisch, der aber vor allem als Pflanzenständer dient, denn Luna hat das ungewöhnliche Hobby, interessante Pflanzen zu pflegen. Sie hat eine Tabakpflanze und eine Kaffeepflanze, und eine Bananenpflanze hat sie schon einmal so groß gezüchtet, dass sie fast Früchte getragen hätte.

Der Kühlschrank ist in bestimmte Fächer eingeteilt, jeder Mitbewohner hat eines, die Küche ist in dem für alle WGs typischen kritischen Zustand: Krümelchaos, beeindruckend gut ausbalancierte Installationen dreckigen Geschirrs in der Spüle, und auf dem Boden eine

Altglassammlung, die irgendwann irgendwer mal zum Container bringen muss. Auf dem Flur ein Putzplan, der wohl eher für das verzweifelte Ansinnen spricht, dieser Unordnung irgendwie Herr zu werden. Dabei funktioniert das hier wie in allen WGs: Irgendwann bekommt einer zu viel von all dem Dreck, räumt dann wie wild auf, schimpft, worauf der Rest der Belegschaft schuldbewusst die Köpfe senkt und gleich darauf wieder anfängt, alles zu verschmutzen. Ich glaube, nichts bereitet einen so gut auf das Leben vor wie die Zeit in einer WG.

Ich hänge gerne bei Luna in der WG rum, ich besuche sie dort regelmäßig. Zuletzt hatten wir uns Thai Food bestellt, lungerten vor dem Fernseher rum und guckten alte «SpongeBob Schwammkopf»-Folgen an. Wenn ich mit Luna zusammen bin, umgeben von Leuten, mit denen Luna was macht, komme ich mir angenehm jung vor. Ich bin ja nur 25 Jahre älter als diese Menschen – was sind schon 25 Jahre? Die Eltern von Lunas Freunden sind alle wesentlich älter. Im Vergleich dazu bin ich vielleicht einfach ein ganz cooler Typ. Bilde ich mir jedenfalls ein.

Hin und wieder machen Luna und ich auch Städtetrips. Wenn wir dann zusammen in ein Hotelzimmer einchecken, werden wir oft für ein Paar gehalten. Manchmal gibt es auch irritiert angewiderte Blicke, weil der Mann an der Rezeption davon ausgeht, ich hätte eine viel jüngere Frau in die Ehe gezwungen. Ich kläre das nie auf.

All den Vätern, die erst ab vierzig Kinder bekommen, weil sie ihre Jugendlichkeit nicht belasten wollen, kann ich sagen: Ihr würdet euch viel jugendlicher fühlen, wenn die wirklich jungen Leute euch nicht für alte Knacker halten würden.

Auf so einem Städtetrip waren wir auch mal gemeinsam bei einem Konzert von Lunas damaliger Lieblings-Rap-Band in München. In der Schlange vor der Konzerthalle fiel mir auf, dass ich tatsächlich der Älteste war. Es gab einige Eltern, die ihre Kinder zum Konzert begleiteten, aber die warteten alle draußen.

Die Band sang Zeilen wie «Endlich wird wieder mit den Fäusten gefickt» und «Wir sind Stars zum Da-unten-Anfassen». Luna sagte, das sei ironisch gemeint. Das sei ja wohl klar. Sie rief mir zu, bei anderen Konzerten habe die Band schon mal Fans aufgefordert, ein Glas ihres Rockstar-Urins zu trinken. Ich nickte unsicher, das hier war also ein eher braves Konzert. Ich hatte dann meine Tochter gefragt, ob das heute so üblich sei, dass man auf der Bühne fast nackt ist. Sie sagte, das sei so üblich.

Ich war später ganz froh, wieder ins Hotel zu dürfen.

Manchmal begleitet Luna mich aber auch zu Konzerten von Bands, die ich mag. Im Mai kam eine der Bands in die Stadt, die ich in meiner Jugend oft gehört hatte. Eine sogenannte Gothic-Rockband, also Musik für Menschen mit toupierten und rasierten Frisuren und düsteren Gedanken. Luna erklärte sich sofort bereit mitzukommen.

«Ich höre mir sehr gerne an, was du mal für Musik gemocht hast», sagte sie. Sie fragte mich, was sie anziehen solle.

«Am besten Schwarz», antwortete ich.

Als wir auf dem Konzert ankamen, war ich erstaunt, was man dort für Menschen traf. Niemand außer Luna trug Schwarz, niemand hatte abrasierte Haare. Stattdessen waren bei den meisten Männern die Haare schon auf natürlichem Wege gegangen. Es trug auch niemand auftoupierte Frisuren, dafür sah ich einige Toupets. Was waren das alles für ältere Menschen? Und mir dräute: Auch ich war so einer.

Das Konzert war bestuhlt, was Luna sehr lustig fand. Bei den Konzerten, die sie so besuchte, würden die Stühle durch die Gegend geworfen, wenn welche da wären, sagte sie. Die Musik hörte sich so an, nun ja, als würde man einen sehr alten Leierkasten sehr langsam abspielen. Luna lauschte der Musik erst mit einiger Verwunderung, dann mit Disziplin. Schließlich, als die Band daranging, Zugaben zu spielen, fragte sie etwas ungeduldig: «Wie viele Zugaben wurden denn zu deiner Zeit so gespielt?»

Auf dem Weg nach draußen schaute Luna den Wikipedia-Eintrag der Band an: «Wow, die wurden schon 1980 in Australien gegründet, eine echte Rarität. Danke, dass wir das zusammen sehen konnten. Wer weiß, wie lange es so etwas noch gibt, das ist ja ein echtes musikalisches Museumsstück!»

Man kann auch mit jüngeren Menschen ausgehen und sich dabei sehr, sehr alt fühlen.

HAARIGE ANGELEGENHEIT

Manchmal staune ich über die wunderbaren Aspekte des Töchterhabens. Bürsten etwa. Sie liegen wie aufgestellte Schnappfallen überall in der Wohnung herum und warten, bis jemand hineintritt. Wie kommen Bürsten auf den Boden? Am wahrscheinlichsten ist: Lotta sucht eine Bürste, findet eine, sieht, dass es die billige Bürste aus der Drogerie ist, die Papa gekauft hat, und lässt sie sofort fallen. Geht sodann weiter, um eine andere Bürste zu suchen, die sie wohl auch fallen lassen wird.

In manchen Situationen hat Lotta einen Aufmerksamkeitshorizont von etwa vier Sekunden. Das heißt, wenn sie eine Bürste in der Hand hält und feststellt, dass es nicht die Bürste ist, die sie gesucht hat, dann verschwindet dieser Gegenstand augenblicklich aus ihrem Bewusstsein. Sie heftet nicht mehr ihre Aufmerksamkeit daran. Sie lässt die Bürste also nicht im eigentlichen Sinne fallen, sondern sie investiert nur keine Energie mehr darein, sie festzuhalten. Sie ist schon weiter, auf der Suche nach der richtigen Bürste, die vermutlich im Gebrauch ihrer Schwestern ist, weshalb man sie ihr in einem Bärenkampf wird entreißen müssen.

Männer haben kein Verhältnis zu Bürsten. Sie besitzen meistens nicht mal eine. Es gibt für Bürsten im männlichen Leben keinen Verwendungszweck. Man braucht sie höchstens, wenn morgens die Frisur verstrubbelt aus den Kissen kommt. Wobei, welcher Mann hat schon eine Frisur? Entweder, ein Mann hat Haare oder keine Haare oder vielleicht ein Haarteil. Aber er hat keine Bürste.

Bei Mädchen jedoch ist das ganze Leben von Bürsten bestimmt. Juli zum Beispiel muss jeden Morgen von mir gebürstet werden. Und Juli hasst mich dafür. Denn wie ich es auch anstelle, ob ich vorsichtig bin oder schnell: Immer zieptes, immer mache ich es falsch. Und Juli belegt mich mit Verwünschungen dafür: «Au, das tut weh, hör auf, das tut weh! Bei Mama tut das nie weh. MAMA, Papa tut mir weh!» In Julis Augen ist das morgendliche Bürsten eine Schikane, der ich sie unterziehe. Aber ich möchte nichts weiter, als dass dieses Kind einigermaßen ordentlich in den Tag kommt. Es ist nicht meinetwegen, es ist die Gesellschaft, die mir das abverlangt. Ich würde Juli sonst einfach so, wild und ungewaschen, wie sie ist, in die Welt lassen. Aber das weiß Juli nicht. Für sie bin ich nur ein Schmerz-Zufüger.

Kaum aber habe ich die Borsten durch ihre Haare gezogen und ihr eine Haarspange verpasst, wendet sie sich wieder ihrem Lieblingsspielzeug zu, einem großen, stehenden Einhorn aus Plüsch, das ihr bis zur Schulter geht. Das Einhorn hat eine lange weiße Mähne. Und diese Mähne wird gebürstet, gebürstet, gebürstet. Warum eigentlich? Warum ist gebürstet werden schlimm, selbst bürsten aber gut? Ich werde es nie verstehen.

Die Haare der Mähne verteilen sich im Wohnzimmer. Sie bleiben irgendwo hängen. Ich finde die Einhornhaare überall. Überhaupt hat Bürsten sehr viel mit Haare verteilen zu tun. Auf dem Fußboden sammeln sich Haare, in der Dusche sammeln sich Haare. Ich muss immer wieder ganze Büschel aus dem Abfluss ziehen, damit das Bad nicht überschwemmt wird. Ich verstehe gar nicht, wie Menschen (und Einhörner) so viele Haare haben können. Irgendwann müssen diese ganzen Haare doch einmal aufgebraucht sein, oder?

Aber meine Töchter hören einfach nicht auf, sich zu bürsten. Zunächst aber müssen sie die Bürste einmal finden. Ich habe ein Kistchen ins Bad gestellt und gesagt: «Dorthinein sollen alle Bürsten. Wenn ihr eine Bürste seht, bitte dahinein. Und nirgendwo anders. Denn dann werden wir alle immer unsere Bürsten finden.» Meine Kinder haben genickt – und suchen weiterhin ihre Bürsten. Denn die Bürsten sind nie im Kistchen, sie sind immer woanders. Und nie weiß jemand, wo.

Leider ist morgens keine Zeit, deswegen gestaltet sich die Bürstensuche hektisch. Es fallen unschöne Worte. Manchmal kommt es sogar zu Handgreiflichkeiten. Denn jede hat die andere im Verdacht, die Bürste zuletzt benutzt zu haben. Wenn ich dann sage: «Hey, hier gibt es doch genug Bürsten, nimm halt eine andere», werde ich nur ungläubig angestarrt. So als ob Bürste gleich Bürste wäre. Es gibt aber riesige Unterschiede.

Eine gute Bürste, so ahne ich, hat Borsten, die oben abgerundet sind, damit sie die Kopfhaut massieren und nicht kratzen. Die Borsten dürfen nicht starr sein, weil sie sonst in den langen Haaren hängen bleiben, sie dürfen aber auch nicht zu weich sein, weil sie die Haare sonst nicht ordentlich trennen. Und dann muss eine Bürste ein weiches Kissen haben, in dem die Borsten gelagert sind, und sie muss groß sein, um möglichst viele Haare gleichzeitig zu erfassen. Außerdem soll sie gut in der Hand liegen.

In unserem Haushalt gibt es offenbar genau eine Bürste, die diesen Kriterien entspricht. Alle anderen Bürsten sind Schrott. Ich habe diese Bürste noch nie erblickt. Aber allen anderen ist sie ein Begriff. Es ist die «gute Bürste». Meine Frau hat sie einmal bei der örtlichen Friseurin für viel Geld erworben. Es muss so etwas wie der Maybach unter den Bürsten sein, weich, elegant, geschmeidig. Ich wurde schon oft in meinem Haushalt gefragt, ob ich denn wisse, wo die «gute Bürste» sei. Für mich sind ja alle Bürsten gleich, ich weiß allerdings, dass dem nicht so ist. Sie unterscheiden sich auf geheimnisvolle Weise. Und die gute Bürste muss einfach wunderbar aussehen. Diese Bürste ist wie der Yeti für mich. Eine Sagengestalt, die ich aber noch nie erblickt habe. Groß, erhaben. Mit ganz vielen Haaren.

Wer diese Bürste hat, muss sich sofort damit bürsten. Es gibt bei Mädchen offenbar kein Stadium des normalen Sich-Bürstens. Entweder kämmen sie sich aus voller Überzeugung überhaupt nicht, oder sie kämmen sich die ganze Zeit, ohne Unterbrechung. Früher musste ich Lotta quasi fixieren, um ihr die Haare morgens durchzubürsten. Nun kommt sie morgens regelmäßig zu spät los, weil sie nicht aufhört, sich die Haare zu bürsten. Luna hat regelrechte Bürst-Anfälle. Wir waren zusammen in einer Sushi-Bar und aßen zu Mittag, als sie plötzlich die Bürste aus ihrer Tasche holte und loslegte. Sie bekomme so schnell Knötchen in den Haaren, sagte sie mir zur Erklärung. «Mädchenhaare sind eben schwer zu pflegen.»

Ich frage mich, ob das Bürsten eine Art Zärtlichkeit ist, die man sich selbst schenkt. So, wie die Katzen ihr Fell lecken. Das Ergebnis der ganzen Bürsterei ist jedenfalls, dass ich jeden Tag durch ein Meer roter (Luna), blonder (Greta) und brünetter (Lotta) Haare laufe. Dazu kommen Einhornhaare (Juli). Ich kämpfe gegen diese Haare so vergeblich wie Laokoon. Sie sind in der Kleidung, auf dem Teppich, in der Dusche.

Ich höre immer wieder, dass Männer in meinem Alter sich beschweren, weil sie immer weniger Haare haben. Ich kann das eigentlich nicht bestätigen. Mein Leben ist voller Haare. Sie sind eben nur nicht auf meinem Kopf.

AB IN DEN URLAUB

In den ersten Juni-Tagen fiel mir auf, dass ich noch immer keinen Urlaub gebucht hatte. Alle möglichen Leute hatten ihre Ferien schon bis in die nächsten zwei Jahre verplant. Leute, die wissen, wann sie in Norwegen Ski fahren, in den Pyrenäen Eselwandern oder auf den Seychellen tauchen gehen. In unserer Familie weiß man das immer erst kurz vorher.

In den Urlaub fährt man ja zur Erholung. Um zu sich selbst zu finden. Ich aber bin mir gar nicht so sicher, ob ich mich selbst unbedingt finden möchte. Man besteht ja nicht nur aus guten Eigenschaften, sondern auch aus solchen, mit denen man sich nicht so gerne auseinandersetzt. Mit denen kommt man im Urlaub aber auch in Kontakt, man lebt ja mit sich selbst quasi Tür an Tür. Und kann sich auch nicht wirklich aus dem Weg gehen. Das wird schon mal schwierig.

Ich bin zum Beispiel im Alltag ein wesentlich besserer Vater, als ich es im Urlaub bin. Solange die Routine mich im Griff hat, sagen mir die Uhr und der Stundenplan meiner Kinder, was ich zu tun habe. Wenn ich weiß, dass ich für meine Töchter das Frühstück machen oder den Turnbeutel packen muss, dann sind das Tasks, die ich einen nach dem anderen abhaken kann. Muss ich mit Lotta Stochastik für ihre Matheklausur lernen, ist völlig klar, was in dieser Zeit von mir erwartet wird. Frage ich Französisch-Vokabeln ab, dann weiß ich ebenfalls, dass dies der pure Dienst an meinen Kindern ist. Es gibt Klassenarbeiten, an denen man gemessen wird. Schreibt das Kind eine 2+, ist das ein toller gemeinsamer Erfolg, wird es eine 4-, hätte das Kind eben mehr lernen müssen.

Es gibt im Alltag einen ziemlich klar definierten Raum, was gut ist und was schlecht. Es ist etwa gut, das Kind zu sportlichen Aktivitäten anzutreiben. Übrigens ganz unabhängig davon, ob das Kind letztlich gerne Sport macht oder nicht. Es ist gut, wenn ein Kind ein Musikinstrument spielt. An diesen Kriterien ist gelungene Elternschaft zu messen. Den Rest der Zeit muss man nur mit Kindergeburtstagen oder Wochenendausflügen füllen – schon ist man ein einigermaßen guter Vater.

Wenn man aber im Urlaub ist, wenn also die ganze Familie rund um die Uhr zusammen ist, ohne etwas, das sie stört – rein theoretisch ein paradiesischer Zustand, nach dem man sich den Rest des Jahres sehnt –, dann stellen sich ganz andere Fragen. Was macht man den ganzen Tag zusammen? Hängt man gemeinsam auf der Sonnenterrasse herum und chillt? Oder macht man Ausflüge? Tobt man im Pool? Spielt man mit den Kindern Gesellschaftsspiele? Oder möchte man vielleicht gar nicht die ganze Zeit mit den Kindern verbringen? Hätte man sogar lieber seine Ruhe? Darf man sich das überhaupt wünschen?

Je näher die Urlaubszeit rückte, desto mehr terrorisierten mich die Erzählungen anderer Eltern. Ein Bekannter berichtete, er habe ein Wohnmobil gekauft, um mit seiner Frau und seinen beiden Jungs einen Trip durch Europa zu machen. Wohnmobil, das klang nach großem Abenteuer. Ein anderer sagte, er werde mit seinen erwachsenen Töchtern durch Kolumbien reisen. Wieder ein anderer wollte ein Segelboot chartern und damit durch die Ägäis kreuzen. Überall Väter, die im Urlaub die tollste Zeit des Jahres verbringen. So, wie es sich gehört. Ich aber? Ich hatte im Juni noch nicht gebucht.

Das lag daran, dass Urlaubsplanung in unserer Familie ein ziemlich komplexes Thema ist, das sich bei mir in akuter Ratlosigkeit, welches das richtige Ziel sein könne, äußert. Andere Urlaube hören sich immer spektakulärer, aufregender oder megaentspannt an. Und für das ganz Tolle bin ich ja auch immer zu spät dran. Schnell sind alle VW-Busse, mit denen man die Festivals dieser Welt besuchen könnte, schon gebucht, all die Luftschiffe, mit denen man den Atlantik überqueren könnte, längst verchartert. Selbst auf der Aida ist dann kein Platz mehr in der Familienkabine. Mit jedem Tag, der vergeht, wird also die Wahrscheinlichkeit, einen richtig, richtig guten Urlaub zu machen, geringer. Aber einfach nach Mallorca zu reisen wie Millionen andere, will ich auch nicht. Das wäre wohl das Eingeständnis, dass man ein Normalo ist. So einer, der mit einem gewärmten Bauch, Bier und dreimal am Tag was zu essen schon zufrieden ist. Und ist man nicht vielleicht auch so einer?

Es ist aber eben auch nicht ganz einfach. Ich muss

immerhin sechs Leute auf einen Nenner bringen. Okay, wenn Luna mit ihrem Freund in Urlaub fährt, sind es noch fünf. Aber schon mit fünf Leuten nach Thailand zu fliegen ist eine Wahnsinnsinvestition. Und was, wenn sie dort alle Durchfall kriegen? Hinzu kommt: Wohin man sich auch bewegt, ist man immer eine Riesengruppe. Und dazu eine Riesengruppe, bei der jeder seine eigenen Interessen hat.

So ist die Frage, wohin man in den Urlaub fährt, jedes Jahr eine große Entscheidung. Meine Frau will zum Beispiel immer ans Meer. Für sie ist es erst ein Urlaub, wenn Strandgefühl aufkommt. Wenn ich aber etwas im Leben nicht leiden kann, dann ist es das Strandgefühl. Was ist denn Strandgefühl? Man liegt halb nackt auf einem Handtuch am Wasser. Eingeschmiert mit einem Batzen Sonnencreme mit Lichtschutzfaktor 50, damit der heiße Gasball im fernen Weltall, dessen Strahlung man sich hier aussetzt, einen nicht verbrennt. Man trägt Badehose, umgeben von 2500 Leuten, die auch Badehose tragen. Ich finde, dass Menschen so zwischen zwanzig und dreißig Jahren den Klimax ihrer Ansehnlichkeit erreicht haben. Danach beginnt der Verfall. Danach fangen die Schultern an zu hängen, und das Bindegewebe geht flöten. Bis man zu einem kompletten Wrack geworden ist, dauert es ein paar Jahrzehnte, und auf dem Weg dorthin hilft Kleidung. Der Schriftsteller Tom Wolfe hat einmal gesagt, er könne nicht verstehen, wenn Männer nicht von dem Geschenk profitieren wollten, ihren auseinanderfallenden Körper in einen Anzug zu stecken und oben mit einer Krawatte zusammenzubinden. Ich kann ihm da nur zustimmen.

Man soll am Strand entspannen, aber das kann man nicht, wenn man immer wieder was an den Kopf bekommt. Es ist so, als würde man auf dem Völkerballfeld dazu ermutigt, doch einfach mal zu relaxen. Und dann sind am Strand allerlei kommerzielle Aktivitäten im Gange. Es gibt Menschen, die mit großen Bauchläden umherziehen und einem eine Sonnenbrille verkaufen wollen oder Beachballschläger oder einen Beachvolleyball oder Freundschaftsarmbändchen oder eine halbe Kokosnuss oder ein Bier oder eine Cola oder ein Eis. Was man bei ihnen nicht kaufen kann, ist Ruhe. Die gibt es nämlich nicht. Die gibt es vor allem nicht, weil man am Strand ja gemeinsam mit den eigenen Kindern ist. Und die wollen je nach Altersklasse gerne eine Sonnenbrille oder eine Cola oder ein Freundschaftsarmbändchen oder eine Kokosnuss oder eine Sonnenbrille oder ein Eis.

Juli zum Beispiel möchte immer ein Eis haben. Und wenn sie ein Eis gehabt hat, dann möchte sie wieder ein Eis haben. Und dann ein Eis. Je nachdem, wie oft der Mann mit der Eisbox so vorbeikommt. Ich beneide ja diese kindlich-unschuldige Haltung zur Völlerei. Es ist so, als würde ich gerne ein Bier haben und dann noch ein Bier und danach ein Bier. Das geht aber nicht. Bei Juli ist der einzige Zeitraum, in dem sie nicht nach einem Eis verlangt, der, in dem sie gerade ein Eis in der Hand hält. Eis und Sonne und Sand sind übrigens eine unheilvolle Melange. Die Sonne scheint auf das Eis, das Eis schmilzt und vermischt sich mit dem Sand zu einer Art Schmirgelpaste. Diese Paste muss man alle paar Minuten wieder vom Kind entfernen, was man am besten tut, indem man es im Meer abspült. Wofür man wieder aufstehen muss, obwohl man doch gerade erst aufstehen musste, um ein Eis zu kaufen.

Ach ja, und dann der Sand. Ich verstehe, dass man sich gern an einen warmen Ort begibt, es kann auch am Rand einer großen Wasserfläche sein. Ich verstehe aber nicht, warum man sich gern in den Sand legt. Sand ist das, was Leute offenbar unbedingt brauchen, um sich glücklich zu fühlen.

Als Gegenmaßnahme schlug ich den Kindern also einen Urlaub in Island vor.

«Island, was gibt es denn da?», fragte Lotta.

«Na, zum Beispiel Vulkane.»

«Nur Vulkane?», fragte Greta.

«Und Geysire», sagte ich.

«Was ist denn ein Geysir?», fragte Greta.

«Das ist ein Loch im Boden, aus dem heißer Dampf quillt.»

«Äh, und da willst du Urlaub machen?», fragte Lotta.

«Ich bin dabei!», sagte Luna.

Luna ist die Einzige, die in dieser Hinsicht ein bisschen so ist wie ich. Das liegt daran, dass ihr Hauttyp sehr hell ist und sie in der Sonne sofort verbrennt. Luna möchte deswegen stets unter bedecktem Himmel Urlaub machen oder irgendwo, wo immer Nacht ist. Aber diese Urlaubsorte sind alle nicht mehrheitsfähig.

«Wie wäre es mit Irland?», schlug ich nun vor. «Das ist eine Insel im Norden, da gibt es grüne Hügel und Schafe und Guinness-Bier, und manchmal kann man Delfine in der Bucht springen sehen.»

«Wie ist denn das Wetter in Irland?», wollte Greta wissen.

«Also, recht herzhaft, manchmal Sonne, aber auch Regen und Wind und ...»

«Also nein danke!», sagte Lotta.

«Ich bin dabei!», sagte Luna.

«Ich will auch in den Urlaub! Immer fahrt ihr alle ohne mich in den Urlaub, das ist so gemein!», schimpfte Juli.

Um meinen Nordlandurlaub anzutreten, musste ich offenbar noch warten, bis die meisten meiner Kinder aus dem Haus wären und ich allein eine Mehrheit darstellte. Obwohl – Juli würde vielleicht auch einen Nordlandurlaub mitmachen, wenn sie die Bestimmerin sein dürfte.

«Ich habe es!», triumphierte ich. «Wir machen Urlaub in den Bergen. Das ist im Süden, aber ohne Sand.»

«Warum macht man denn Urlaub in den Bergen, was macht man denn in den Bergen?», fragte Greta misstrauisch.

«Na, in den Bergen wandert man», erklärte ich.

«WANDERN?», kam es von Lotta. «Ohne mich.»

«Hey, man tingelt von Hütte zu Hütte immer mit dem ganzen Gepäck auf dem Rücken, ist den ganzen Tag draußen und abends herrlich müde!»

«Wie, was?» Greta konnte es gar nicht glauben.

«Und morgens steht man mit den ersten Sonnenstrahlen auf, um wieder den ganzen Tag unter der herrlichen Sonne zu wandern.»

Lotta: «Ohne mich!»

«Ich dachte, wir wollen in den Urlaub fahren», meinte Greta, «das ist doch kein Urlaub!»

«Wehe, ihr fahrt wieder ohne mich in den Urlaub, immer fahrt ihr ohne mich!», wetterte Juli.

Greta sagte: «Habt ihr schon mal bedacht, dass Flugreisen einer der größten Klimakiller der Welt sind?»

Sie hatte mal nachgeguckt, was so ein Familienurlaub in Süditalien klimatechnisch kosten würde. Nämlich knapp sieben Tonnen CO_2. Um das auszugleichen, müsse man 18 Bäume pflanzen, erklärte Greta.

«Wo sollen wir denn 18 Bäume herbekommen?», fragte Lotta.

«Ich glaube, im Blumenkasten auf der Terrasse wächst eine kleine Birke, zählt die auch schon?», meinte ich.

«Nee, es reicht nicht, dass irgendwo ein kleiner Keim rauskommt, du musst schon einen richtigen Baum pflanzen. So einen, der dann auch anständig CO_2 neutralisieren kann», schätzte Greta.

«Oje, wir haben da ja nur einen einzigen Baum im Pflanzkübel. Der reicht nicht mal für einen Flug nach München oder so», kam es von Lotta.

Da hatte ich einen Einfall: «Wie wäre es denn, wenn wir einfach mal Urlaub im Inland machen würden? Wir können in die Eifel oder ins Sauerland, das soll alles sehr, sehr schön sein. Außerdem können wir dahin auch einfach mit dem Auto fahren.»

«MIT DEM AUTO?», fragte Greta etwas ungläubig. «Kannst du Autofahren?»

«Natürlich kann ich Autofahren», behauptete ich leicht entrüstet: «Ich nehme ja sogar Auffrischungsstunden!»

«Auffischungsstunden?», fragte Juli: «Haha, Papa nimmt Auffischungsstunden!»

«Ja, aber wohl voll nicht in die Eifel!», protestierte Lotta.

«Ja, aber wohl auch nicht ins Sauerland», motzte Greta.

Und dann sagte Luna das Wort, das mich komplett wehrlos machte. Das Wort, das wie ein immer wiederkehrendes Schicksal in meinem Leben ist. Ich werde es nicht los. Immer wenn jemand dieses Wort sagt, dann muss ich wie ein gebannter Riese die Kontrolle über mein Leben abgeben. Ich folge dann einem Pfad, der nicht meiner ist, muss mich Gesetzen unterwerfen, die mir nicht einleuchten. Wenn jemand dieses Wort sagt, ist sonnenklar, dass in den nächsten Wochen eine fremde Macht mein Leben übernimmt und ich vollkommen wehrlos sein werde. Sie sagte:

«Reiterhof!»

IN DER FAHRSCHULE (3)

Bei der zweiten Fahrstunde lief es zwischen Herrn Werner und mir schon nicht mehr so rund. Herr Werner wollte, dass ich immer wieder einparkte. Einparken war für mich ein Albtraum.

Herr Werner wies mich an, nach hinten zu gucken, da, wo ich hinfahre. Ich verstand aber nicht, was ich da hinten sehen sollte. Im Grunde verstehe ich das ganze Fahrzeug nicht. Wie es sich bewegt – ich verstehe den Zusammenhang zwischen meinen Lenkbewegungen und den Bewegungen des Autos nicht.

An einem bestimmten Punkt rief Herr Werner immer wieder: «Und jetzt geradestellen, jetzt geradestellen!» Dann verzweifelt: «Stellen Sie es doch einfach GERADE!» Aber das Auto fuhr, wie es wollte, und ewig schrillten die Parksensoren. Ich verstand nicht, was es bedeutete, «gerade» zu lenken. 56 Millionen Menschen in Deutschland können dieses Kommando ohne nachzudenken ausführen, ich nicht. Ich wollte nur noch, dass es vorbei war: die Unmöglichkeit des Einparkens, der Stress, die ganzen Geräusche, die Mahnungen. Ich musste hier raus.

Herr Werner wollte, dass ich möglichst viel abbiegen und blinken sollte und mich durch Spaliere von eng parkenden Autos manövrierte. Schon bald war ich sehr überfordert. Ich nahm die Kurven entweder zu eng oder zu weit, ich blinkte zu viel oder zu wenig. Dann schließlich reichte es Herrn Werner. Er stellte fest, dass ich den Unterschied zwischen Kreisverkehr und kreisähnlichem Verkehr nicht wusste. Im Kreisverkehr, zu erkennen an drei im Kreis angeordneten Pfeilen, muss man beim Einfahren nicht blinken, im kreisähnlichen Verkehr schon. Herr Werner bestand jedenfalls darauf, dass ich bis zur nächsten Fahrstunde die Verkehrszeichen studierte. Offenbar könne ich die nicht.

Na toll, jetzt war ich nicht nur zurück in der Schule, ich hatte auch noch Hausaufgaben.

DIE GUGL

Unterdessen war ein neues Familienmitglied bei uns eingezogen. Wir bekamen Google Home, einen kleinen orangeroten Knopf mit ein paar Leuchtdioden drauf. Ich hatte es nicht gekauft. Eine Kollegin hatte es geschenkt bekommen und wollte es nicht haben. Sie meinte, sie wolle keine Maschine haben, die sie aushorcht. Mir war es eigentlich egal, ich dachte: «Och, mich dürfen Maschinen gerne aushorchen, wenn sie dafür nette Musik spielen. Ich sag eh nie was Interessantes.» Und ich nahm Google mit nach Hause.

Das Gerät funktioniert so: Man sagt: «Hey, Google, wie wird das Wetter?», und dann sagt Google, wie das Wetter wird. Oder: «Wie ist der Verkehr?», oder: «Hey, Google, spiel mir ‹No woman no cry› von Bob Marley!» Google antwortet dann mit einer sonoren Frauenstimme: «In Ordnung, ich spiele ‹No woman no cry› von Spotify.»

Man konnte Google alles Mögliche fragen, bekam aber nicht immer eine brauchbare Antwort. Meist war es, weil Google die englische Aussprache gemischt mit der deutschen schwer verstand. Manchmal hatte Google etwas akustisch nicht verstanden. Dann antwortete der

Automat stoisch mit: «Entschuldige, das habe ich nicht verstanden», oder: «Entschuldige, ich bin mir nicht sicher, was du meinst.» Dann musste man es wiederholen.

Oft war es auch der Fall, dass Google dachte, verstanden zu haben, was man meinte, und dann einfach mal loslegte und einen Songtitel spielte, den man nun wirklich nicht hören wollte. Ich finde, es gibt kaum ein tragischeres Missverständnis, als wenn man sich Musik wünscht und dann den falschen Titel vorgespielt bekommt. Man möchte etwa Nick Cave hören und bekommt Roland Kaiser.

Als Erste näherte sich Lotta dem Apparat: «Hey, Google, spiele Cello!» Sie meinte damit das Stück «Cello» von Udo Lindenberg. Das Lied ist gar nicht ihr Lieblingslied, es ist das Lieblingslied ihrer Freundin, die es immer auf ihrem Amazon Echo hört. Es war wohl einfach das erste, das ihr einfiel.

Das Gerät antwortete: «In Ordnung, ich spiele den Cello-Kanal von Spotify.» Es folgte klassische Hausmusik.

Das war das letzte Mal, dass sich Lotta an Google gewandt hatte. Lotta hatte verstanden, dass Google ein Streber ist. Wahrscheinlich stellte sie sich vor, dass sie, wenn Freundinnen zu Besuch wären und sich irgendeinen Song von dieser Pillendose wünschten, stattdessen ein Blockflötenkonzert präsentiert bekämen. Das Risiko, dann sofort im Klassenchat von WhatsApp blamiert zu werden, war ihr wohl zu hoch.

Juli hingegen sprach gleich sehr viel mit «der Gugl». Allerdings sprach «die Gugl» nicht sehr viel mit Juli. Ich musste Juli beibringen, dass sie immer «Hey, Google» sagen musste. Das fand Juli komisch. Aber Kinder haben ja ein Talent, Komisches hinzunehmen. Leider sprach sie die Initiationsworte nicht deutlich genug.

«Heygugl.»

Schweigen.

«Heygugl!»

Schweigen.

«HEYGUGL!!!!»

Das Problem mit Robotern ist, dass sie nicht darauf reagieren, wenn man sie anschreit. Und auch nicht, wenn man in ihrer Gegenwart heult. Oder auf sie eintrommelt. Die ganze Unbarmherzigkeit der Maschinen wird deutlich, wenn man ein kleines Kind sieht, das neben Google Home einen Nervenzusammenbruch bekommt, und das Ding nicht einmal tröstend eine Diode leuchten lässt.

Bald schien diese stoische Unbeeindruckbarkeit aber Juli auch zu imponieren. Nach einer Weile konnte sie ganz gut «Hey! G-u-g-l» sagen, und Google reagierte dann wohlwollend. Und wenn sie sagte: «Hey, Google, weißt du, was ich heute in der Kita gespielt habe?», und Google antwortete: «Ich bin mir nicht sicher, ob ich verstanden habe, was du meinst», dann war das schon fast das Gleiche, was ich antworte, wenn Juli mir etwas erzählt.

Manchmal nahm Juli den Google-Apparat mit in ihr Zimmer, um mit ihm zu plauschen und sich dann in Ruhe etwas von Bibi und Tina vorspielen zu lassen. Dann spielte Google zwar immer das gleiche Hörspiel, aber das störte meine Tochter offensichtlich nicht.

Öfters erzählte Juli Google in langen Sätzen, was sie erlebt hatte, oder zeigte ihr, welches Kunststück sie beim Turnunterricht gemacht hatte, oder sie malte ihr ein Bild. Ich hatte das Gefühl, dass es zwischen Juli und Google ziemlich gut lief, solange Google einfach die Klappe hielt. Vielleicht sollte ich das auch mal machen.

Leider ging die Beziehung dann bergab. Man redete aneinander vorbei. Etwa wenn «die Gugl» Musik spielen sollte. Es gibt nämlich auch Songs von Bibi und Tina. Es sind die Soundtracks aus den Bibi-und-Tina-Filmen. Eines von Julis Lieblingsliedern heißt «No Risk no Fun». Juli, des Englischen noch nicht mächtig, sagte aber: «Hey, G-u-g-l, spiel Norisnofann.» Das verstand Google dann nicht. Auch «NORISNOFANN!!!!» verstand er nicht.

Schließlich eskalierte das Ganze. Ich hörte aus Julis Zimmer: «Hey, Gugl, spiel doch mal eins von den anderen Liedern!»

«Tut mir leid, ich bin mir nicht sicher, was du meinst.»

«Na, ein anderes Lied von den Liedern!»

«Tut mir leid, ich bin mir nicht sicher, was du meinst.»

«EIN! ANDERES! LIED! HÖRST DU MIR NICHT ZU?»

«Tut mir leid ...»

Wenig später stürzte Juli tränenüberströmt aus dem Zimmer: «Papa, die Gugl ärgert mich schon wieder!»

Ich versuchte den Streit dann wieder zu schlichten. Auf diese Weise bestätigte Google mich in meiner ordnenden Funktion als Vater.

Irgendwann hatte Juli genug von der Maschine, die sie nicht verstehen wollte. Wenn man sich im Hause Google mal in zehn Jahren wundert, warum das Image der Marke bei den dann Fünfzehnjährigen so schlecht ist, sollen sie mich mal anrufen.

UNTER VAMPIREN

Wenn ich gefragt werde, was meine Kinder am liebsten machen, sage ich so etwas wie lesen, spielen, basteln, backen, musizieren, ausgehen. Aber das ist nicht ganz die Wahrheit, denn am allerliebsten wollen meine Kinder: fernsehen, fernsehen, fernsehen.

Lotta und Greta können den ganzen Tag streiten, wenn sie aber vor dem Fernseher sitzen, sind sie im Frieden vereint. Es wird immer wieder davor gewarnt, dass Kinder heute zu viel fernsehen. Das Fernsehen soll die Phantasie kaputt machen. Aber man unterschätzt, wie viel Frieden ein Fernseher in die Welt einer Familie bringen kann. Menschen, die zusammen auf keinen grünen Zweig kommen, können einträchtig nebeneinander existieren. Nur weil sie gemeinsam in eine Richtung und nicht einander in die Augen schauen.

Ich sage meinen Kindern manchmal, dass sie zu viel fernsehen und wir damals viel weniger Fernsehen geguckt hätten, aber ich vermute, das stimmt gar nicht. Ich erinnere mich an mannigfaltige Sendungen. Eigentlich beherrschte Fernsehen unsere Kindheit. Als ich in Gretas Alter war, schaute ich «Knight Rider», das war die Geschichte eines Polizisten, gespielt von David Hasselhoff, der mit K. I. T. T., einem mit künstlicher Intelligenz ausgestatteten Sportwagen, unterwegs war. Ich staune manchmal, welche spärliche Weltsicht uns damals genügte: Sei ein Mann und hab ein schnelles Auto, damit hast du einen Freund fürs Leben. Eine andere Serie war «Trio mit vier Fäusten». Sie handelte von drei privaten Ermittlern, von denen einer ein Nerd ist, die anderen aber zwei harte Burschen, die sich ständig mit Mitgliedern der organisierten Kriminalität prügeln. Wir verpassten nie eine Folge von «Ein Colt für alle Fälle», wo es darum ging, dass ein Stuntman, der im Nebenjob als Kopfgeldjäger arbeitete, mit seinen beiden Assistenten, dem etwas dumpfen Howie und der schönen Jodie, den ganzen Tag Verbrecher fing – stets verbunden mit unglaublichen Stuntszenen, bei denen die Autos durch die Luft flogen.

Ich habe meine gesamte Jugend mit sehr einfachen Botschaften verbracht. In der Welt geht es um Gut und Böse. Es sind starke Männer, die die Probleme lösen, und Frauen bewundern das. Jeder Konflikt lässt sich mit Faustschlägen beheben. Und mit den richtigen Fahrzeugen. Es ist erstaunlich, wie viel gewaltverherrlichenden Schund ich mir anschaute und trotzdem ein relativ normaler Mensch werden konnte.

Dagegen sind die Serien meiner Kinder Hochkultur. Lottas Lieblingsserie etwa heißt «Vampire Diaries». Es geht darin um mystische Wesen, die unter uns leben: jahrhundertealte Vampire, die auf die Highschool gehen. Nicht nur Vampire, sondern auch Hexen und Werwölfe. Sie haben alle ihre Agenda, tragen ihre Fehden aus, verlieben und verbünden sich. Die normalen

Highschool-Schüler sind für diese Vampire nur Futter, das sie aussaugen. Die Botschaft der Geschichte lautet stets: Traue nie dem ersten Eindruck eines Menschen, denn er könnte ein dunkles Geheimnis in sich tragen. Er könnte in einer anderen Welt leben, von der du nichts ahnst. Und vielleicht bist du ja selbst auch jemand mit einem dunklen Geheimnis. Jemand, der seine Zähne gerne in anderer Menschen Hälse hineinschlägt, um sich ihr Blut die Kehle hinunterrinnen zu lassen.

Wenn Lotta und Greta vor dem Fernseher sitzen, dann sind sie leider nicht mehr ansprechbar. Für niemanden. Man könnte ihnen alles Mögliche zurufen, es würde sie nicht erreichen. Sie sind dann in einer anderen Dimension.

Manchmal stelle ich mich einfach zwischen Fernseher und Töchter und rufe: «Hallo, was wollt ihr zum Abendessen?» Es sind Rufe, die wie aus einer fernen Welt zu ihnen dringen. Abendessen? Saugt man nicht einfach zur Abendstunde andere Menschen aus? Sie nehmen mich überhaupt nur wahr, weil sie dann den Bildschirm nicht mehr so gut sehen. Und alles andere, als dass ich ihnen vielleicht ein paar Chips reiche, kommt ihnen einfach falsch vor.

«Diese Sendung guckt ihr noch zu Ende, dann ist Schluss», pflege ich dann zu schimpfen. Die beiden schauen mit verschwommenem Blick zu mir herauf, vielleicht weil sie nicht genau wissen, was eine «Sendung» ist. Ich korrigiere mich dann und sage: «Nach der Folge hört ihr auf!» Man muss da allerdings entschieden einschreiten, denn die nächste Folge fängt stets rasch an – und damit die nächste Reise durch eine

Welt, wo nicht so uninteressante Figuren wie der Vater dumm in der Gegend herumstehen, sondern ein jeder ein mystischer Geist sein kann.

Ich habe natürlich alle Argumente der Welt auf meiner Seite, die Bildschirmzeit meiner Kinder zu begrenzen. Eins davon ist ein sehr persönliches: Typen wie Paul Wesley. Der spielt nämlich den gutherzigen Vampir Stefan Salvatore in «Vampire Diaries». Das ist einer der Helden meiner Kinder. Und er sieht überhaupt nicht so aus, wie ich jemals ausgesehen habe.

Eines Abends nutzte ich die Gelegenheit und setzte mich zu Lotta, während sie ihre Lieblingsserie guckte. Man soll den Medienkonsum seiner Töchter ja kritisch begleiten. Lotta war davon nur mäßig begeistert, sah aber eine Chance darin, etwas länger als gewohnt zu gucken. Ich nahm mir fest vor, meine Klappe zu halten, denn ich wusste schon, dass es nichts Nervigeres gibt als Väter, die sich darüber aufregen, was sich ihre Kinder angucken. Leider schaffte ich das nur einige Minuten lang.

«Das ist ja der reinste Model-Wettbewerb», entfuhr es mir. «So sehen doch keine normalen Menschen aus!»

In der Vampirserie waren fast alle Protagonisten Anfang zwanzig und hatten einen Muskelbau wie Musicaltänzer. Die ältesten Personen, die dort auftauchten, waren etwa 35 und hatten stets die Rolle von etwas frustrierten Charakteren. Leuten, die im Leben nicht zurechtkamen. Aber auch diese gealterten Frusties hatten noch auffallend sportliche Körper. Niemandem gingen die Haare aus, keiner hatte einen Bauch, geschweige denn, dass irgendwo ein Doppelkinn zu sehen gewesen wäre. Jemand wie ich hätte dort höchstens noch als Zombie auftreten können.

«Papa, wenn ich normale Menschen angucken will, muss ich doch nur auf die Straße gehen!», sagte Lotta. Das war noch sehr nett ausgedrückt, denn in Wahrheit saß das ganz normale Leben ja neben ihr auf dem Sofa.

Stefan Salvatore lief immer mit Muscle-Shirt herum und sah aus, als würde er die meiste Zeit seines Lebens nicht in einer Gruft, sondern in einem Fitnessstudio verbringen. Ich lernte, dass Stefan ein wirklich netter Vampir war. Als Vampir sei man ja schon seit Jahrhunderten unterwegs und müsse sich ständig vor Vampirjägern in Acht nehmen. Dabei wolle Stefan niemandem etwas zuleide tun. Er schaffe es, sich nur von Tierblut und von Blutspenden zu ernähren. Es fehlte noch, dass er Veganer würde.

Der arme Stefan habe aber einen Bruder, sagte Lotta, namens Demon. Und dieser Demon teile ganz und gar nicht die guten Vorsätze seines Bruders. Demon liebe es nämlich, betrunken zu sein. Demon, lernte ich, war einen Kopf größer als sein Bruder und sagte in der Serie im Gegensatz zu ihm nie etwas Nettes. Die Frauen um sich herum belegte er nur mit zynischen Sprüchen. Wenn ich der Wiedergabe seiner Vampirbiographie durch meine Tochter glauben durfte, dann hatte Demon schon unzählige Menschen umgebracht, einfach so aus Spaß. Demon war launisch und ungezügelt, neigte zum Jähzorn und hatte eine ausgeprägte Gewaltbereitschaft. Allerdings hatte auch der böse Demon tiefe Gefühle, vor allem für seinen Bruder.

In der Folge, die wir zusammen guckten, glaubte Stefan, dass sein Bruder gestorben sei. Er verfiel in tiefe Trauer. Er besuchte die Familiengruft und beklagte, dass er nicht mehr zurechtkomme. Dass er alleine sei. Er wusste nicht, dass Demon in Wirklichkeit nur längere Zeit durch einen Zauber in einem Paralleluniversum gefangen war. Aus dieser Welt kehrte der Tunichtgut in jener Sekunde zurück und überraschte seinen Bruder in der Gruft. Erst konnte es Stefan nicht glauben, dann aber fielen sich beide überglücklich in die Arme. Schnulzenmusik ertönte.

Lotta schlang weinend die Arme um mich. So gerührt hatte ich sie noch nie erlebt. Irgendwas war anders mit Lotta. Fast hätte ich sie auf Bissspuren untersucht.

Ein paar Tage später fragte ich meine Tochter, warum sie denn neulich so geweint habe.

«Na, wegen Demon.»

«Wegen des fiesen Demon?»

«Ja, Demon ist mein Lieblingsvampir!»

«Aber Demon ist doch der, der alle immer umbringt!»

«Er ist so lustig!»

Lustig. Das war mir noch gar nicht aufgefallen. Meine Tochter fand also, dass ein Alkoholiker mit Aggressionsproblem ein lustiger Kerl war. Wie konnte das sein?

«Aber hast du nicht gemerkt, wie gemein er zu seiner besten Freundin ist? Sie stützt ihn immer und baut ihn auf, und er sagt ihr, dass sie nutzlos ist.»

«Ach, Papa, Demon ist einfach der coolste von allen, das verstehst du nicht!»

«Aber siehst du denn nicht, dass er die ganze Zeit nur

an sich denkt? Er tut überhaupt nichts für sie – würdest du mit so jemandem zusammen sein wollen?»

«Papa, wenn du noch mal mit mir die Serie gucken willst, solltest du jetzt besser still sein!»

Wenig später sah ich, dass Lotta eine neue Handy-Hülle hatte. Darauf stand «Demon Salvatore is my boyfriend».

IN DER FAHRSCHULE (4)

Am nächsten Tag war wieder Fahrstunde. Es ging schon gleich nicht gut los. Ich war bei dem Parkplatz, wo ich mich auch schon früher mit dem Fahrlehrer getroffen hatte, aber Herr Werner wartete mit dem Fahrschulauto vor meiner Haustür. Ich hatte den falschen Treffpunkt gewählt. Aber das war leider noch nicht alles. Ich hatte auch nicht jene Gutscheine dabei, die man braucht, um eine Fahrstunde nehmen zu dürfen. Ich hätte sie bei der Fahrschule erwerben müssen, die Fahrschule hatte aber noch nicht auf.

Jetzt erinnerte ich mich, dass Herr Werner mich darauf aufmerksam gemacht hatte, ich hatte es aber vergessen. Nicht einmal die Verkehrszeichen hatte ich richtig gelernt. So trat ich also diesem jungen, aufgeräumten Mann entgegen: als alter Chaot.

Ich war zudem in der Nacht zuvor lange mit einem Freund in einer Bar gewesen und hatte getrunken und zu wenig geschlafen. Ich hatte einen leichten Schwindel und das Gefühl, noch Restalkohol im Blut zu haben. Das sagte ich Herrn Werner aber nicht, denn dann würde er mich nicht fahren lassen und ich stünde auch noch als chaotischer Alkoholiker vor ihm da.

Ich dachte mir, es kann ja nicht viel passieren, wenn ein Fahrlehrer neben mir sitzt. Das ist dann ja eine Art selbstfahrendes Fahrzeug. Herr Werner meinte, es sei nicht schlimm, dass ich keine Gutscheine hätte, wir könnten auch einfach zur anderen Filiale der Fahrschule fahren.

Wir fuhren los, und ich fand, dass ich das Auto ganz okay durch den Großstadtverkehr steuerte. Währenddessen erzählte mir Herr Werner die Handlung des Horrorfilms «Saw». Wir kamen darauf, weil uns von der Hutablage eines vor uns fahrenden Wagens eine Maske entgegenstarrte, wie sie der Massenmörder Jigsaw in dem Horrorfilm trägt. Ich wollte mich eigentlich darüber mokieren, wie man die Maske eines Mörders auf eine Hutablage legen konnte, aber es stellte sich heraus, dass Herr Werner durchaus ein Saw-Fan war. Er sagte, Teil eins bis drei seien die besten. Die darauf folgenden sechs weiteren Teile seien auch okay, aber da trete die Handlung eher in den Hintergrund. Der Film handele davon, dass ein psychotischer Mörder Leute kidnappe und in lebensbedrohliche Situationen bringe, aus denen sie sich nur befreien könnten, indem sie sich etwa einen Fuß absägten. Wichtig sei, sagte Herr Werner, dass die Opfer des Mörders stets selbst einen liederlichen Lebenswandel geführt hätten. Durch die Qualen, die ihnen zugefügt würden, müssten sie gewissermaßen Sühne leisten. «Sie sollen etwas über ihr Leben lernen», sagte Herr Werner: «Indem sie um ihr Leben kämpfen müssen, sollen sie ihr Leben wieder schätzen lernen.» So, wie Herr Werner das sagte, könnten die Sätze dem Literarischen Quartett entsprungen sein.

Wir kamen an der Fahrschule an. Die Büroräume lagen im Erdgeschoss eines Plattenbaus. Die Räume wirkten wenig repräsentativ, aber ordentlich. Wir platzten mitten in ein aufgeregtes Gespräch der Fahrlehrer hinein. Es ging um die Parkplätze vor der Fahrschule. Die seien laut Schild der Fahrschule vorbehalten, aber es stünden fremde Autos darauf. Nun habe einer der Falschparker, von einem Fahrlehrer angesprochen, gesagt, das entsprechende Verbotsschild sei vom Auto aus nicht zu lesen gewesen. Einer der Fahrlehrer, ein älterer Kollege, brauste auf: «Da habe ich ihm gesagt: ‹Wenn Sie Teil des ruhenden Verkehrs sind, sind Sie verpflichtet, auszusteigen und sich selbst zu vergewissern, was das für ein Schild ist!› Und da sagt er doch glatt, das kann er ja nicht wissen, dass dort ein Schild für den ruhenden Verkehr ist! Da habe ich ihm gesagt, er kann das sehr wohl schon daran erkennen, dass an dem entsprechenden Mast vier Verkehrszeichen angebracht sind, bei Verkehrszeichen für den fahrenden Verkehr dürften es aber höchstens drei sein. Denkt, der kann mit einem Fahrlehrer die Straßenverkehrsordnung diskutieren, unglaublich!»

Ich war beeindruckt, ich wusste nicht einmal, dass es so etwas wie ruhenden Verkehr gab.

Nach dem Papierkram fuhren wir zurück Richtung Mitte. Wir nahmen Monika mit, eine Sekretärin, die in der anderen Fahrschulfiliale arbeitete. Monika hatte schulterlange Haare, eine Brille und eine Jacke in Pastellrosa. Während der ganzen Fahrt war sie über ihr Smartphone gebeugt. Auf Fragen antwortete sie meist nur mit Geräuschen: «Hmmmm. Hmmm.» Trotzdem schienen sich Herr Werner und Monika gut zu verstehen. Die beiden teilten eine Selbstverständlichkeit, die ich nicht begriff.

Ich konnte immer noch nicht einparken. Wir übten es drei Mal. Herr Werner versuchte mir Orientierungshilfen zu geben, aber ich war heillos verloren, vielleicht auch, weil noch besoffen. Ich konnte nicht alle die Informationen aus all den Spiegeln verarbeiten und dann auch noch ein Auto bewegen, es war einfach zu viel für mich.

Ich überfuhr fast ein Stoppschild, weil ich darüber nachdachte, was Monika wohl für ein Leben führte. Ging sie abends tanzen? Hatte sie zwei Katzen zu Hause? Wählte sie die SPD? Ich versuchte sie anzusprechen. «Ihr Name ist also Monika?» – «Nein, ich heiße Veronika», sagte sie. Damit war unser Gespräch beendet.

Plötzlich nahm Herr Werner eine Sonnenbrille aus dem Handschuhfach und schob sie sich vor die Augen. «Ah, das ist viel besser», sagte er.

Es war eine Geste der Verwandlung in jemanden sehr Coolen. Aber wollte mein Fahrlehrer jetzt cool sein?

Er schaute mich an, nun mit den von Gläsern verschatteten Augen. «Fahrlehrer brauchen Sonnenbrillen, weil sie nicht die Sonnenblende runtermachen können. Weil an der ein zusätzlicher Rückspiegel angebracht ist», sagte er.

Er kam mir jetzt vor wie jemand, der von seinem Beifahrersitz aus, bewaffnet mit Spiegeln und Pedalen, einfach die ganze Welt im Griff hatte.

Ich habe gelesen, dass die Durchfallerquote in Fahrprüfungen steigt. Es scheitern 39 Prozent der Personen an der Theorie, und 32 Prozent scheitern an der Praxis. Man vermutet, dass es der Stress ist, vielleicht auch der komplexe Verkehr. Vielleicht ist es auch der Stress, dauernd neben so coolen Säuen wie Herrn Werner sitzen zu müssen.

Plötzlich bremste er den Wagen unverhofft und riss mich aus meinen Gedanken. Herr Werner sagte, dass wir noch mehrere Termine brauchen würden. So viele jedenfalls, bis er sicher sein könne, dass ich nicht einfach noch mal so über eine rote Ampel fahre.

DER FREUND

Bei der einen Tochter machte ich mir Gedanken über ihren aktuellen Traummann, bei der anderen kenne ich ihn schon. Luna hat seit längerer Zeit einen Freund, mit dem sie eine Fernbeziehung führt. Wenn sie bei ihm ist oder er bei ihr, merke ich das vor allem daran, dass ich von Luna dann nichts mehr höre. Das macht mich immer ein bisschen traurig.

Nach dem Abitur möchte Luna in Wien studieren, hat sie mir kürzlich erzählt. Wien stellt sich Luna als das Paradies vor: etwas schwermütig, nicht so verdammt hipp wie Berlin. Eine Stadt voller irgendwie der Welt abgewandter Intellektueller, wo man mit Zeitungen raschelnd in Kaffeehäusern sitzt, Schümli trinkt und bittere Witze über die Regierung macht. Als mir Luna von ihren Plänen erzählte, habe ich erst einmal geschnaubt und lauter komische Anti-Wien-Argumente gebracht. Ach, so Großstädte sind dann doch alle wieder ähnlich. Am Ende sitze man gar nicht in dem Kaffeehaus an dem Tisch, an dem immer Karl Kraus gesessen hatte, sondern bei Starbucks. Und ob sie sich schon einmal überlegt habe, dass das Leben in Wien ganz schön teuer sei? Es gebe auch Universitäten, die näher an Berlin seien und völlig unterschätzt:

Leipzig oder Halle etwa oder auch Magdeburg, da sei es auch einfacher, einen Platz zu bekommen.

Warum erzählte ich so einen Kram? Welche junge Frau träumt schon von Magdeburg? Aber Wien hat eben einen Nachteil: Es liegt 677 Kilometer entfernt. Wenn ich eine Tochter habe, die in Wien studiert und dazu noch eine Fernbeziehung in einer anderen Stadt führt, dann kann ich mir ausrechnen, wie oft ich sie zu Gesicht bekommen werde: kaum mehr. Es ist für mich schwer vorstellbar, dass eines meiner Kinder einmal nicht mehr um mich herum ist. Aber so wird es ja kommen.

Und so will man es ja auch. Ständig sagt man Sachen wie: Wenn die Kinder einmal aus dem Haus sind, dann steht eine Renovierung an! Dann können wir uns endlich eine Sauna im Keller bauen lassen. Dann wird ein schönes Gästezimmer eingerichtet. Ach, wenn die Kinder aus dem Haus sind, dann ist ja auch endlich wieder die Zeit, tolle Reisen zu machen. Die Wahrheit aber ist: Keine Ahnung, wie das ist, wenn die Kinder aus dem Haus sind. Ich habe fast zwanzig Jahre meines Lebens mit Kindern verbracht. Das sind zwanzig Jahre, in denen man ständig an jemand anderen denkt, für den man die Verantwortung trägt. Aber auch zwanzig Jahre, in denen das Ich sich in wundersamer Weise erweitert hat.

Ich hatte ein Abo auf ein sinnvolles Leben für so einen langen Zeitraum abgeschlossen. Und nun würde dieses Abo enden, jedenfalls schrittweise, so kam es mir vor.

Als Luna mir von ihren Plänen erzählte, hatte ich einen Gedanken: Ich bin doch noch gar nicht fertig mit der Erziehung, ich habe doch gerade erst angefangen, das ist doch noch alles nichts!

ES LIEGT NICHT AN DIR

Je weiter der Sommer voranschritt, umso farbiger wurde meine zweitälteste Tochter. Wenn Lotta aus dem Haus geht, liegt eine Zeit langwieriger Vorbereitungen hinter ihr. Zunächst einmal legt sie sich Make-up auf und bestäubt sich mit einem Hauch von Bruno Banani. Ich habe ihr das Parfüm nicht besorgt, meine Frau ebenfalls nicht. Lotta hatte es sich nach ausführlichen Riechtests und Beratung mit Freundinnen in der Drogerie gekauft. Es heißt «Intense», und man kann nicht behaupten, das sei ein leeres Produktversprechen gewesen.

Überhaupt ist keines ihrer Schminkutensilien von uns Eltern geschenkt worden, nicht eines. Lotta hat sich komplett alleine ausgestattet, von ihrem Taschengeld. Sie hat auch nicht gefragt, ob sie sich in dieser Weise bewaffnen dürfe. Sie hat sich das Zeug einfach besorgt und losgelegt.

Ihre Toilette betreibt Lotta mit äußerster Akribie. Sie setzt sich vor den Spiegel in ihrem Zimmer und beginnt sich zu bemalen. Es ist ein Prozess geballter Konzentration, vor allem, weil alle paar Minuten ich im Zimmer stehe und mahne, dass wir gleich los müssen. Antwort Lotta: «Hm.»

Dieses Ritual wiederholte sich etliche Male, und stets wurde ich nervöser. Lotta hingegen geriet in einen zenartigen Zustand, in dem keines der weltlichen Probleme sie erreichen konnte. Das Beben und Bibbern der Außenwelt fand weit weg von ihr statt, während sie sich die Wimpern tuschte.

Ich wurde dann laut wie ein Rauchmelder und war kurz davor, mit einem Kochlöffel auf einen Topfdeckel einzuhämmern. Aber Lotta zog die Augenkonturen mit Kajal nach mit der Ruhe eines Vermeers, der im Ölgemälde die letzten Lichtreflexe auf die Kronen tanzender Wellen setzt.

Wenn Lotta dann endlich mit uns aus dem Haus ging, viel zu spät, vorsichtig den Kopf angehoben, damit nichts verwischte, war ich regelmäßig mit den Nerven fertig.

Es kam aber noch etwas anderes hinzu: Lotta kleidete sich plötzlich anders. Nicht mehr so, wie man ihr gesagt hatte, dass es Mama und Papa und der ganzen Welt gefällt. Sondern so, wie es genau genommen gar niemandem gefallen kann. Wer mag denn bauchfreie Tops und abgerissene Lederjacken?

Ich dachte lange, dass man die Kleiderwahl seines Kindes schon dadurch regulieren kann, indem man ihm bestimmte Sachen kauft, andere aber nicht. Aber nun war ihr Kleiderschrank voll von Fummeln, die ich bestimmt nicht abgenickt hatte. Woher hatte sie das alles?

Am übelsten war: Mein schwer zu verbergendes Entsetzen beeindruckte Lotta gar nicht. Das über den Bauchnabel geknotete Oberteil war weder als Provokation gegenüber ihren Eltern gemeint noch als ein irgendwie geartetes antibürgerliches Statement. Unser Kommentar war gar nicht gefragt, und die Tatsache, dass ich den Look nicht goutierte, war gar kein großes Ding. Es war schlicht unerheblich.

Wie konnte das sein? Man hatte dieses Kind großgezogen, ihm gerade beigebracht, am Tisch die Ellenbogen nicht abzustützen, die Haare nicht ins Essen baumeln zu lassen. Vor kurzem hatte man doch noch Kastanien im Park und Muscheln am Strand mit ihr gesammelt, da zwängte sie sich schon in viel zu enge Hosen. Ich hatte immer gedacht, das alles würde noch Zeit haben, aber leider war das ein frommer Wunsch gewesen. Auf einmal waren die Interessen des Kindes nicht mehr die meinen.

In den meisten Situationen resignierte ich angesichts des Kleidungsstils meiner Tochter. Nur einmal war ich fest entschlossen, zu verhindern, dass Lotta so aus der Tür ging.

«Lotta, das geht nicht.»

«Hä?»

«Tut mir leid, das kann ich diesmal nicht akzeptieren.»

«Was'n jetzt schon wieder?»

«So gehst du nicht aus dem Haus!»

«Papa, komm mal runter!»

«Ich komm überhaupt gar nicht runter! Du trägst eine Shorts, die kaum über den Hintern geht, und ein Oberteil, das andere als BH tragen würden!»

«Ey, Papa.»

«Ey nichts, ey, Papa, das magst du jetzt nicht verstehen, aber wenn du so in der Schule aufkreuzt, bekomme ich Post von der Rektorin. Und was denken die anderen dann von dir? Du siehst aus wie ein ... na ja, wie was Schlimmes halt.»

«Mann, Papa!»

«Nix Mann, Papa! Außerdem ist es viel zu kalt, keine zwanzig Grad. Du ziehst dir jetzt sofort was anderes an!»

«Mann, Papa, das ist doch mein Schlafanzug!»

Ich konnte also nicht mal mehr die Bett- und die Schulkleidung von Lotta auseinanderhalten. Und nicht nur in Fragen der Äußerlichkeit galt: Plötzlich gab es einen Bereich in Lottas Leben, auf den ich keinen Zugriff mehr hatte. Und es betraf die allermeisten Dinge, über die sich Lotta Gedanken machte. Ob es nun ein Streit mit Freundinnen war oder sich um eine Beziehung zu jemanden drehte, in den sie möglicherweise verliebt war. All das war eine emotionale No-go-Area für ihre Eltern. Das machte mich hilflos.

Als Vater konnte ich mit Lotta gerade noch über Sporttraining, die Schulthemen und vielleicht ansatzweise die Wochenendplanung sprechen – soweit überhaupt vorgesehen war, dass Lotta verfügbar sein würde. Alles andere ging die Eltern plötzlich nichts mehr an. Es war, als würde uns Lotta aus ihrem Leben nur noch hin und wieder eine Postkarte mit ein paar nichtssagenden Sätzen schicken.

Ich fragte immer wieder. Hatte sie etwa einen Freund? Schulterzucken. War sie in jemanden verliebt? Schulterzucken. Gab es etwas, das sie bedrückte? Einigermaßen genervtes Augenrollen.

Natürlich wäre ich in solchen Situationen ein blendender Ratgeber gewesen. Niemand auf diesem Planeten war beispielsweise schon mal so grandios unglücklich verliebt gewesen wie ich. Doch würde mein Mädchen davon hören wollen? Nein. Irgendwas davon wissen wollen? Bloß nicht.

Mir aber ging es dabei so, als wäre ich schon wieder unglücklich verliebt.

Genau so, wie ich damals irgendwelche SMS-Nachrichten meiner Angebeteten nach Zeichen von Zuneigung untersuchte, als seien es verschlüsselte Botschaften, brütete ich nun über die Instagram-Hashtags meiner Tochter, die sie postete. Etwa: «#sunset #love #missing #heart #goals #patty #peaceofmind». Was mochte das bedeuten? Gar nichts? Oder?

Ich hatte es auch schon ganz direkt versucht:

«Lotta, wie geht es dir heute, alles gut?»

«Ja, alles gut.»

Es gibt verschiedene Wege mitzuteilen, dass alles gut ist. Es gibt ein beiläufiges «Ja», als ob man die Frage kaum gehört hat. Dann gibt es ein eher fragendes «Ja?», das Verwunderung darüber impliziert, warum der Fragende meinen könnte, es gehe einem nicht gut. Und dann gibt es noch ein leicht aggressives «Ja», das meint, dass man nicht noch einmal gefragt werden möchte. Lottas «Ja» war immer zwischen fragend und aggressiv.

Man sagt ja, dass Mädchen in der Pubertät zu unglaublichen Schicksen werden, die wegen allem möglichen Kleinkram sofort aus der Haut fahren, sich ständig in den Vordergrund drängen, sich eine grauenhafte Jugendsprache angewöhnen und alles in allem unerträglich sind. Bei Lotta ging es mir aber eher so, dass ich nicht mehr recht dahinterkam, was überhaupt in ihrem Kopf vorging. Was es denn sein mochte, das ihr Wesen so vernebelte.

Manchmal kam mir Lotta rätselhaft bedrückt vor, über Wochen. Warum es ihr aber möglicherweise nicht gutging, wollte sie nicht sagen. Nicht weil sie etwas gegen mich hätte, sondern weil es mich in ihren Augen nichts anging.

Es war für mich ein bisschen so, als hätte sie mit mir Schluss gemacht. Denn für mich war gerade alles noch wie immer gewesen – und plötzlich hatte sich bei ihr etwas verändert. Auf einmal war das eigene Kind weit weg. Noch da, aber irgendwie unerreichbar.

Und nicht einmal einen Brief mit den Worten «Es liegt nicht an dir» hatte ich erhalten.

GRETA WILL SCHWARZ-GRÜN

Auch mit meinem politischen Einfluss ging es bergab. Man kann mit Kindern wohl schlecht über Kleidung reden – aber über Politik? Ich hoffte doch. Und wenn ja: Durfte man sich mit seinen Kindern über Politik streiten? Ich selbst bin unter Helmut Kohl aufgewachsen, eine Jugend erdrückt von einem konservativen, 119 Kilo schweren Koloss. Mir war früh klar: Ich würde niemals im Leben CDU wählen. Daran habe ich mich bis heute gehalten.

Neulich fragte ich Greta, wen sie wählen würde, wenn sie schon zur Wahl gehen dürfte. Sie sagte: «Na, CDU natürlich.»

«Wie? CDU?»

«Natürlich CDU!»

«Warum denn CDU?»

«Na, das ist doch eine Partei, die für die Menschen da ist.» Greta überlegte kurz. «Am besten wäre eine Koalition aus CDU und Grünen. Dann sorgt die CDU für die Menschen, die Grünen kümmern sich um die Umwelt, und für alle ist gesorgt.»

Ich war vor den Kopf gestoßen. Wie konnte das sein, dass ich als Vater immer für eine weltoffene Weltanschauung gekämpft hatte und nun unter meiner Obhut eine Liberal-Konservative mit ökologischem Einschlag heranwuchs? Ich beendete die politische Diskussion lieber, bevor sie mir noch mehr Probleme bereiten würde.

Ich versuchte es mir zu erklären. Als Greta geboren worden war, war nicht Helmut Kohl Kanzler, sondern Angela Merkel. Sie verband mit der CDU etwas ganz anderes. Vielleicht, dass alles eine Ordnung hat, aber ganz sicher auch, dass Frauen in der Gesellschaft eine führende Rolle spielen können. Und schließlich habe ich ja auch nie ein schlechtes Wort über Merkel gesagt. Meine Eltern dagegen haben stets gegen die CDU gewettert. Es war schon opportun, ein Rebell zu sein.

Ich habe meine Tochter politisch nicht beeinflusst – und nun ist sie ein CDU-Fan geworden. Aber habe ich es bei Greta denn nur mit einer politischen Meinung zu tun? Ist sie nicht insgesamt konservativer als ich? Wenn ich mit Greta unterwegs bin und laut spreche oder singe oder mir einen Scherz erlaube, würde Greta gerne im Boden versinken. Sie findet mich dann richtiggehend peinlich. Wir wohnen in der Großstadt, hier sind die Häuser mit Graffitis besprüht. Greta findet es einfach furchtbar. Das sagt sie nicht ständig. Aber wir waren neulich mal in einem Vorstadtviertel unterwegs, so einem, wo Einfamilienhaus neben Einfamilienhaus steht, dazwischen Gärten mit kupiertem Rasen und Blumenbeeten. Eine Gegend, in der mir sofort die Füße einschlafen würden. Greta hingegen war ganz hingerissen: «Guck mal, wie schön es hier ist! Die Straßen sind so sauber! Nix ist besprüht! Nix ist kaputt!» Ich wollte Greta antworten, dass es in so einer Gegend aber auch sehr ruhig sei, um nicht zu sagen, stinklangweilig, nichts los, man brauche ein Hobby, vielleicht Gärtnern – oder einen Hund. Da fiel mir aber ein, dass Greta sehr gerne gärtnert und dass sie nichts lieber hätte als einen Hund.

Greta hat recht konservative Ansichten, wertkonservativ, könnte man sagen. Sie findet es wichtig, dass Ärmeren geholfen wird, aber gleichzeitig ist es aus ihrer Sicht nicht schlimm, dass manche mehr Geld haben als andere. Eine hundertprozentige Erbschaftssteuer wäre mit ihr nicht zu machen. Greta möchte eine Eigentumswohnung und ein Auto. Das sind alles vernünftige Dinge – es sind nur Dinge, die mir als Zwölfjährigem total egal waren. Ich wusste damals nicht, dass es Eigentumswohnungen überhaupt gibt. Über Berufe dachte ich in Gretas Alter auch noch nicht nach. Greta sorgt sich auch um das Klima, aber für sie wird es eben am besten durch das Bürgertum gerettet. Jemandem wie Angela Merkel traut sie zu, die Welt zu retten, aber nicht jemandem wie ihrem Vater.

Manchmal stelle ich mir vor, dass Greta vielleicht von Dingen beflügelt wird, von denen ich keine Ahnung habe. Etwa vom Traum eines netten Einfamilienhauses mit Vorgarten und Carport am Stadtrand. Sie würde sich sehr anstrengen, dieser Umgebung zu entkommen, wo man in Häusern lebt, bei denen Leute «Keine Macht für niemand» an die Fassade gesprüht haben. Und wo Leute die Pfandflaschen von der Straße klauben, um sie zu Geld zu machen. Das könnte Greta beflügeln.

Oje, ich hatte alles falsch gemacht.

IN DER FAHRSCHULE (5)

Als ich Herrn Werner wiedertraf, hatte er schlechte Laune, wegen der Gewerkschaft. Die Gewerkschaft hatte gestreikt, die Busfahrer wollten mehr Geld und hatten die Straße gesperrt. Mein Fahrlehrer hatte eine halbe Stunde im Stau gestanden. Ich habe gelesen, dass man als Autofahrer in einer Stadt wie Berlin im Jahr 150 Stunden im Stau steht.

Mein Fahrlehrer hatte für den Ärger der Busfahrer kein Verständnis. Er sagte, sie würden gut bezahlt und hätten noch jede Menge zusätzliche Bezüge, einfach nur dafür, dass sie ihren Bus durch die Stadt schieben. Herr Werner war so sauer, dass er erst einmal eine rauchen musste. Ich fand, er hatte eine sehr rechtschaffene Art, wütend zu sein. Er erzählte mir, er habe einer Gewerkschaftsmitarbeiterin gegenüber seinen Unmut kundgetan, und sie habe ihn nur ausgelacht. Ihn, den Herrn Werner.

Wir konnten also nur eine halbe Stunde Fahrunterricht machen und kreuzten etwas durch die Nachbarschaft. Wir übten in drei Zügen wenden. Ich hasste es. Dazu braucht man ein Gefühl für das Auto, einen Überblick über die Verkehrssituation und eine Einschätzung der Umgebung, und ich hatte nichts davon.

Wenn ich als Kind meinen Vater in drei Zügen wenden sah, pfiff er dabei immer, während er in großzügigen Schwüngen dem Auto eine neue Richtung gab. Ich aber ächzte. Der Golf stand quer in der Straße wie ein liegengebliebener Panzer. Autos warteten, bis ich mein törichtes Manöver zu Ende gebracht hatte, die Fahrer hupten und griffen sich entsetzt an die Stirn.

Als sich Herr Werner später von mir verabschiedete, konnte er, glaube ich, auch nicht glauben, dass es Menschen gibt, die so schlecht wenden wie ich.

«Wie schätzen Sie mich ein?», fragte ich Herrn Werner.

«Nun ja», sagte er: Im Grunde könne ich ein Auto bedienen, etwas mehr Ruhe und etwas mehr Übersicht im Verkehr täten mir sicher gut. Das Einparken und Wenden könne ich noch weiter üben. Vielleicht mit jemandem, der mich einweist. Es sei ja vor allem Übungssache.

«Aber welche Fähigkeiten muss ich noch erlernen?», fragte ich.

Herr Werner holte tief Luft. «Das Problem sind nicht Ihre Fähigkeiten, das Problem ist ein ganz anderes.»

«Ja, was denn?»

«Das Problem ist Ihre ganze Angst. Sie sind ängstlich. Sie fürchten sich vor dem Verkehr.» Herr Werner sagte, wir könnten noch viele, viele Stunden gemeinsam fahren. Aber gegen die Angst würden keine Auffrischungsstunden helfen.

Ich wollte von Herrn Werner etwas Fahrpraxis erhalten, bekommen habe ich eine ganze Persönlichkeitsanalyse. Ich fürchte, er lag damit richtig.

Ich war ein Angsthase.

WAS IST EIGENTLICH ERZIEHUNG?

So sah es also aus bei mir, bevor wir in den Urlaub fahren sollten. Meine Frau und ich hatten tatsächlich eine Ferienwoche auf einem Reiterhof in Niedersachsen gebucht. Es würde ein weiterer Ausflug in eine mir sehr unverständliche Welt werden. In der meine Kinder ihre enge Verbundenheit mit 500 Kilo schweren Muskelprotzen feiern würden, während ich mich von Ponys misshandeln ließe. Aber mich beschäftigten andere Dinge.

Meine älteste Tochter würde in absehbarer Zeit weg sein. Bei meiner Zweitältesten würde bald nur noch der Bauchnabel mit mir reden. Meine Zweitjüngste wandelte sich zu einer Grün-Konservativen, die später gerne mal mehr verdienen wollte als ihr Vater. Und meine Jüngste hält sich ohnehin lieber an Mama.

Sollte ich das Ziel gehabt haben, für meine Töchter ein Idol zu werden, hatte ich es vermutlich leider verbockt.

Fast zwanzig Jahre sind vergangen, und ich habe in dieser Zeit nicht mehr Kontrolle erlangt, sondern weniger. Was kann ich schon über die Erziehung von Kindern erzählen? Die vergangenen Monate, seit ich beschlossen habe, wieder Fahrstunden zu nehmen, haben mich weniger etwas über meine Kinder gelehrt als über mich. Ich wollte mir meiner Rolle gewiss werden, und nun war ich von der Rolle. Und ja, ein Angsthase war ich auch. Was für ein Vorbild sollte das sein?

Mit solchen Gedanken suchte ich einen Therapeuten auf. Ich kannte den Mann seit vielen Jahren. Er hatte ein Haus am See, ich mochte es gleich, es roch nach alten Holzböden und Kohleöfen. Es war gefüllt mit Dingen, die er sammelte, vor allem Gegenständen aus Westafrika. Alte Türschlösser etwa und viele Schnitzereien. Die meisten von Ahnen- und Geisterfiguren. Mit jeder dieser Figuren war eine Geschichte verbunden. Ich hatte das Gefühl, hier wohnte ein Mensch, der sich gefunden hatte. So jemand würde ich auch gerne mal sein.

Bei unserer ersten Sitzung, die in seiner gemütlichen Küche stattfand, fragte ich ihn, was das Geheimnis einer guten Beziehung sei. Er antwortete mit einer Gegenfrage: Ob ich mal eine der Türen im Haus öffnen könne. Ich tat es, aber ich verstand nicht, es war halt eine Tür.

«Ja», sagte er, «das kommt einem selbstverständlich vor, nicht wahr?» Aber all diese Türen seien sehr alte Türen, und sie seien nur deshalb noch so leichtgängig, weil er sie regelmäßig öle. Und so sei es auch mit Beziehungen. Man müsse immer wieder etwas für sie tun. Wenn man erwarte, dass sie auch morgen noch funktionierten, nur weil sie gestern funktioniert haben, dann sammele sich irgendwann der Staub und Dreck vieler kleiner nie besprochener Verletzungen darin. Der Unterschied zwischen schlechten und guten Beziehungen sei ja nicht, dass man in schlechten mehr streite, sondern dass es keine Versöhnungen gebe. Und irgendwann werde man sich gegenseitig zum Feind.

Ich fragte, wie es denn mit den Beziehungen zu Kindern sei. Könne man sich da auch zum Feind werden? Er meinte, glücklicherweise seien die meisten Menschen bereit, sich mehr um ihre Kinder zu bemühen als um ihre Partner. Man unterliege leicht der Phantasie, das Leben wäre einfacher, hätte man einen anderen Lebenspartner. Aber niemand würde von anderen Kindern träumen.

Viele Menschen laufen ihr Leben lang davor weg, ihre eigenen Werte und Verhaltensweisen zu überprüfen. Doch wenn es um ihre Kinder geht, sind sie viel öfter bereit, sich zu ändern. Und das eben ist die großartige Chance, die Eltern haben. Sich nicht darauf zu versteifen, die Kinder zu formen, sondern zuzulassen, dass die Kinder einen selbst formen.

Er sagte, der große Irrtum von Eltern liege darin: dass sie meinten, ihre Kinder sollten die Dinge so sehen, wie sie selbst sie sähen. Und wenn das nicht der Fall sei, fühlten sie sich bedroht. So führten sie ständige Abwehrgefechte um ihre vermeintlichen Werte. Das Ganze werde dann «Erziehung» genannt. In Wahrheit bekämpfen sie Gedanken, von denen sie sich bedroht fühlen. Die eigenen Kinder aber können gar nicht verstehen, wie sehr die Eltern in solchen Momenten mit sich selbst ringen. «Sie verstehen vor allem: Ich werde abgelehnt.»

So wird man zu einem Produzenten schlechter Gefühle – und wundert sich nachher, dass die Kinder darauf nicht mit dankbarer Zuwendung reagieren, sondern ihrerseits mit Distanz.

Eltern sollten die Zeit mit ihren Kindern als Chance nehmen, etwas über sich selbst zu lernen und sich zu verändern. Nicht ihre Kinder.

Und er beendete seine Ausführungen mit einem Zitat Heinrich von Kleists: «Wenn du die Kinder ermahnst, so meinst du, dein Amt sei erfüllet. Weißt du, was sie dadurch lernen? – Ermahnen, mein Freund!»

Ich war beeindruckt. Und danach sehr schweigsam. Das musste ich erst einmal verarbeiten.

Als ich meinen grünen Tee in der nach Kohle duftenden Küche ausgetrunken hatte und die knarzende Stiege ins Freie hinabstieg, war mein Kopf voller Fragezeichen. Aber ich fühlte mich ein wenig besser.

ICH SPIEL JETZT HANDBALL

Als ich an einem Augustabend die Wohnung betrat, hatte ich plötzlich Sterne vor den Augen. War das jetzt ein Schlaganfall? Ich spürte einen dumpfen Schmerz an der Stirn, und mir wurde klar, dass es gerade tatsächlich einen Schlag gegeben hatte. Und dann hörte ich zwei weitere Geräusche: das Dotzen eines Balles und das Lachen von Lotta. Sie hatte mich am Kopf getroffen. Aber womit?

«Hallo, Papa, ich spiel jetzt Handball!»

«Du spielst was?

«Ich kann schon ganz gut zielen, oder?»

«Seit wann spielst du denn Handball?

«Eine Freundin hat mich zum Training mitgenommen, sie hat mir auch einen Ball zum Üben geliehen.»

«Das habe ich gemerkt.»

«Du musst jetzt mit mir werfen üben, Papa!»

«Ach, muss ich?»

«Ja, ich kann nämlich nur im Team meiner Freundin mitspielen, wenn ich trainiere.»

Die Traurigkeit meiner Tochter war einfach vorbei.

Den zweiten Ball konnte ich knapp parieren, er prallte aber von mir ab, Lotta lachte schon wieder über mich.

«Ey, du fängst ja wie ein Mädchen, da muss schon mal ein bisschen mehr kommen!»

«Lotta, wir müssen rausgehen, bevor der Ball hier die ganze Wohnung zerlegt.»

Wir gingen in den Hof, und ich versuchte zu fangen und zu werfen. Lotta ließ mich wissen, dass ich nicht nur fange, sondern auch werfe wie ein Mädchen, ich hätte in ihrer Handballmannschaft leider keine Chance.

Ich sagte, dass es auch nicht exakt mein Traum gewesen sei, in einer Mädchenmannschaft Handball zu spielen.

Sie sagte: «Papa, du stehst voll hobbylos da!»

«Was ist denn hobbylos?»

«Na, ohne Hobbys halt.»

«Aber ich hab doch Hobbys: Ich lese gerne, ich laufe, hey, ich hab sogar ein Aquarium. Mehr Hobby als Aquarium geht doch nicht.»

«Das verstehst du nicht. Man kann ganz viele Hobbys haben und trotzdem hobbylos sein.»

«Ja, aber wie das denn?»

«Halt wenn man dasteht wie du gerade!»

Wir standen eine ganze Weile so da. Ich werfend, sie fangend und über mich spottend. Das ging alles auf meine Kosten, aber ich war froh, nicht mehr so einen traurigen Fisch an meiner Seite zu haben.

Genauso wenig, wie ich erfahren hatte, warum Lotta überhaupt unglücklich gewesen war, erfuhr ich nun, warum sie wieder fröhlich war. Aber musste ich das? Ich habe als Jugendlicher selbst schwer an manchem Kummer getragen – und plötzlich war er weg, und ich war wieder frei. Was hätte ich ihr auch schon raten können? Hauptsache, wir standen hier und warfen uns die Bälle um die Ohren.

Es gibt ja die These, dass Frauen häufig bei Partnern das suchen, was sie in der Kindheit von ihren Vätern erfahren haben. Daraus folgt: Wer zu seiner Tochter nicht nett ist, wird später einmal damit bestraft, dass ein Schwiegersohn mit nach Hause geschleppt wird, der auch nicht nett ist. Dagegen hilft nett sein sehr. Denn wenn Töchter gewohnt sind, gut und wertschätzend behandelt zu werden, dann werden sie diese Behandlung später auch von ihren Partnern erwarten. Jede nette Geste meinem Kind gegenüber ist also eine Investition in die eigene Zukunft. Damit erhöhe ich die Chancen, einmal nicht ein Arschloch neben meiner Tochter am Abendbrottisch sitzen zu haben.

So dachte ich, während mich der nächste von Lotta retournierte Ball im Gesicht traf: Vielleicht kann ich nicht verhindern, dass Lotta sich in einen Typen wie Demon von Vampire Diaries verliebt. Aber ich kann dafür sorgen, dass sie ihm den Laufpass gibt, wenn er humorlos darauf reagiert, von ihr einen Ball an den Kopf gepfeffert zu bekommen.

«Du siehst so niedlich aus, wenn du Schmerzen hast», rief Lotta. Ich lächelte ganz süß. Eben hobbylos.

ALTER MANN

Lunas Geburtstag stand bevor. Als sie geboren wurde, war ich nur fünf Jahre älter, als sie jetzt wird. Ich war, wie gesagt, ein junger Vater. Heute bin ich kein junger Vater mehr. Wenn die Kinder brüllen und johlen, dann nervt mich das manchmal, ich finde es zu laut. Ich sage dann, sie sollen still sein.

Langsam kann ich mir vorstellen, wie sich grantelnde Menschen fühlen, die sich beschweren, dass neben ihrem Haus ein Kinderspielplatz gebaut wird. Es ist ja nicht nur, dass man laute Kinder um sich hat. Es ist auch der neidische Blick auf ihre Energie, die man selbst nicht mehr in den Knochen spürt. Ich bin müde, wenn die Kinder endlich im Bett sind. Ich möchte nur noch schlafen. Nicht mehr ausgehen, nichts mehr erleben. Wenn ich junge Väter sehe, die voller Elan ihre Kleinen wickeln, frage ich mich: Wie schaffen die das nur ...

Einmal sagte Luna: «Ach, Papa, du wirst eben alt.» Sie strich mir durch die Haare, beziehungsweise durch die Geheimratsecken.

«Ach Quatsch, ich werde nicht alt, ich hatte schon immer Geheimratsecken! Ich zeig es dir.»

Ich kramte meinen Führerschein hervor, da war ein

Bild von mir als Zwanzigjährigem drin. Ich trug einen Zopf mit dünnen Haaren, aber immerhin einen Zopf. Man sah auch Geheimratsecken, sie waren natürlich nicht so groß wie heute, aber doch da. Vor allem aber sah man dieses blasse Gesicht. Ich hatte mir das Bild schon länger nicht mehr angesehen. Ein Jüngelchen mit einem Blick zwischen Schüchternheit und Aufmüpfigkeit. Das sollte ich mal gewesen sein?

«Ach, Luna, es stimmt, ich werde alt.»

«Das macht mir Angst, dass du älter wirst. Dann muss ich daran denken, dass es einmal eine Zeit geben wird, in der du nicht mehr da bist.» Ihr stiegen Tränen in die Augen, mir auch.

«Ich habe auch Angst, weil ich weiß, dass ich dich irgendwann zurücklassen muss.»

Luna nahm mich in den Arm, ich fühlte mich in diesem Moment noch älter, als ich war, ich fühlte mich richtig krückstockalt. Wie ein alter Mann, der in Ruhe vertrotteln kann, weil er von seinen liebenden Töchtern gestützt wird. Aber es fühlte sich auch gut alt an.

«Ich mache mir Sorgen, dass du mir irgendwie abhandenkommst, wenn du einmal in einer anderen Stadt bist», sagte ich.

«Keine Sorge, Papa, das ist doch noch lange hin. Bis dahin musst du mir noch bei der Studienplatzsuche helfen und ... und bei ganz vielem halt.»

Sie hatte recht. Warum sollte ich mich beschweren?

UND JETZT SCHULE

Einige Wochen später trug sich folgender Dialog mit Juli zu:
«Papa, krieg ich ein Blatt Papier?»
«Hier, ich geb dir sogar zwei.»
«Und krieg ich einen Kugelschreiber?»
«Warum willst du denn einen Kugelschreiber?»
«Weil ich nur noch mit Kugelschreiber male!»
«Aber guck, ich hab hier auch bunte Stifte ...»
«Ich brauch aber keine bunten Stifte mehr!»
«Aber warum denn nicht mehr?»
«Ich geh doch jetzt in die Schule!»
«Aber das dauert noch ein bisschen, bis wir dich zur Schule schicken, erst sind doch erst noch Ferien.»
«Was sind denn Ferien?»
«Ferien sind, wenn man nicht zur Schule geht.»
«Dann hatte ich jetzt schon immer die ganze Zeit Ferien?»
«Nein, Ferien sind, wenn man eigentlich zur Schule geht, aber gerade nicht zur Schule gehen muss.»
«Hää?»
«Jetzt gerade haben wir Ferien.»
«Aber ich geh jetzt doch schon in die Schule!»

«Ja, dann geh eben in die Schule ...»
«Aber du gibst mir ja keinen Kugelschreiber!»
Ich gab Juli einen Kugelschreiber. Sie nahm ihn mit einer etwas übertriebenen Geste, so als hätte sie den ganzen Tag schon auf diesen Kugelschreiber gewartet. Juli setzte sich mit dem Stift und einem Blatt Papier an den Tisch und begann, waagrechte Linien zu malen und dann senkrechte. Es entstanden Karos. Also eine Art von Karos, Schlangenlinienkaros. In die Karos malte Juli Buchstaben: T, K, R, J, L, V, C, B, U, S, A, W, M, P, O, H, Z. Manche der Buchstaben waren auf dem Kopf, andere spiegelverkehrt. Aber es waren tatsächlich fast alle Buchstaben aus dem Alphabet.
«Und was jetzt?»
«Jetzt muss ich die Aufgabe lösen!»
Juli stellte sich also schon Aufgaben. Sie hatte sich selbst eingeschult. Das mit der normalen Schule hatte ihr vielleicht einfach zu lange gedauert. Wir hatten am Vortag Schulranzen ausgesucht. Allein dafür braucht man schon eine Schulung. Als ich Kind war, waren alle Schulranzen von Scout, und es gab sie in vier Farben und drei Größen. Heute ist es ein Wald von ergonomischen Systemen und Designs, und wenn man endlich einen gefunden hat, dann ist er schon ausverkauft, denn durch seltsame Fügungen wollen alle Eltern zur selben Zeit denselben Schulranzen. Nachdem Einhörner schon aus waren, hatte Juli sich für Delfine entschieden. Beziehungsweise, sie hatte davor erst eine Weile laut protestiert, dass es ja wirklich «toll» sei, dass «alle» jetzt mit Einhörnern herumlaufen würden, aber sie nicht!
Was sie aber mehr beschäftigte: «Gefällt mir der Ran-

zen dann auch noch in ein paar Jahren?» Das war eine wichtige Frage. Denn da Juli nur größere Geschwister hat, die ihr zum Teil riesig vorkommen, die aber alle noch in die Schule gehen, war klar für sie: Jede Entscheidung, die sie treffen würde, würde sie fast für ihr gesamtes weiteres Leben treffen. Ich dachte: Und für meines, denn wenn du erst mal so weit bist wie deine Schwestern, werde ich ein älterer Herr sein. Mit weißen Haaren werde ich auf Elternabenden sitzen. Ich werde mit Eltern, die viel jünger sind und die mit Verve um das absolute Wohl ihrer Erstgeborenen ringen, über ökologische Schulspeisungen diskutieren, ich werde genug Zeit haben, Kuchen für Schulfeste zu backen, und ich werde dasitzen und Vokabeln in Sprachen abhören, die ich selbst nicht spreche. Ich werde mich mit verschiedensten Social-Media-Applikationen auseinandersetzen müssen, die ich technisch kaum mehr begreifen kann. Und wenn Juli einmal die Schule verlassen haben wird, wird Greta vielleicht an der Uni sein, Lotta könnte so alt sein, dass sie ihr Studium gerade abschließt, und Luna wird in einem Alter sein, in dem man schon in die Situation kommen kann, seinen Vater anzurufen mit der Botschaft, dass er sich auf ein Enkelkind freuen kann. Anders kann ich mir es nicht vorstellen. Ein Leben voller Mädchenkram, welch ein Glück.

Juli strich derweil auf ihrem selbstgemachten Arbeitsblatt Buchstaben mit dicken Kreuzen aus: K, V, S, W, H wurden brutal ausgeixt.

«Juli, was machst du da?»

«Ich muss alle Buchstaben bestrafen, die nicht zu den Namen unserer Familie gehören!»

Sie hatte recht, alle Buchstaben, die nicht Teil der Wörter «Mama», «Papa», «Luna», «Lotta», «Greta» oder «Juli» waren, waren getilgt worden.

«Du musstest sie bestrafen?»

«Ja, bestrafen, das ist meine Schulaufgabe!»

Vermutlich werden auch die Buchstaben erleichtert sein, wenn Juli die Schule hinter sich hat.

«Papa?»

«Ja?»

«Kommt die Schule auch aus dem Computer?»

«Nein, ich glaube, die Schule ist echt.»

ABFAHRT

Und dann war es so weit: Das Auto war gepackt, ein Kofferraum voll mit Reitstiefeln, Reithosen, Reithelmen. Ein Fond voll mit Kindern. Ich saß tatsächlich am Steuer, neben mir meine Frau. Es sollte zum Reiterhof gehen. Ich würde die Strecke fahren, zumindest einen Teil. Jetzt und hier würden meine Töchter ihren autofahrenden Vater bekommen.

Ich spürte das Lenkrad in meinen Händen, den samtigen Fahrersitz unter mir. Autogeruch von Staub und alten Äpfeln in meiner Nase. Der Zündschlüssel steckte schon. Mein Fuß tastete zum Gaspedal, zum Bremspedal, zum Gaspedal. Gleich würde es losgehen. Sitz und Lenkrad eingestellt, alles gut. Ich blickte in die Spiegel: Innenspiegel, Außenspiegel, Schulterblick. Ein letzter Blick in den Fond, ob alle richtig angeschnallt waren.

Juli sagte leise und resigniert: «Aber Papa kann doch gar kein Autofahren.»

«Natürlich kann ich Autofahren, wir sind doch alle keine Angsthasen!», scherzte ich.

Mein Herz schlug, als habe man mir eine volle Ladung Adrenalin gespritzt. Aber ich fühlte mich gut. Ich wusste nun, dass ich es einfach nur *tun* musste. Das Risiko eingehen und mir etwas zutrauen. Meine Frau auf dem Beifahrersitz lächelte mich aufmunternd an. Die anderen Töchter waren in ihre Smartphones vertieft.

«Alles bereit?», fragte sie.

«Alles klar!», antwortete ich.

Ich startete den Motor, 122 PS brodelten leise los, ich löste die Handbremse, legte den Rückwärtsgang ein, schaute nach hinten, und der Wagen glitt problemlos aus der Parklücke, so als hätte ich nie etwas anderes im Leben gemacht.

Ich schaltete den CD-Player an, es lief Lina Larissa Strahl, mir war es egal. Dann sollte dies eben der Soundtrack sein, mit dem ich in einen neuen Lebensabschnitt brausen würde.

Ich legte den Vorwärtsgang ein, setzte den Blinker, bog ab – und dann schwebte der Wagen mit uns elegant und unbeschwert durch Berlin. Die Prenzlauer Allee hoch, auf die Autobahn, ich beschleunigte, alles frei. Tausende Kilometer eines neuen Lebens lagen vor mir. Lina trällerte aus dem Lautsprecher: «Doch ich will sein, wie ich bin / So jung, so laut, so leicht! / Ich will sein, wie ich bin / So unbeschwert, so frei!» Ich summte mit.

Es war perfekt.

Bis auf die Tatsache, dass diese Szene leider komplett erfunden ist.

In Wirklichkeit ist meine Frau gefahren. Souverän und routiniert wie immer. Ich hatte nicht einmal gewagt anzusprechen, dass ich auch fahren könne. Wohl hatte ich mich zuvor einige Male, wenn ich mich unbeobachtet wähnte, hinter das Steuer unseres Autos gesetzt, den Führerscheinlappen in der Gesäßtasche. Ich hatte mir aufwendig den Sitz eingerichtet, die Spiegel eingestellt, den Zündschlüssel ins Zündschloss gesteckt. Dann kam mir die Vorstellung, wie ich ausparken und mir auf unserer engen Straße ein Auto entgegenkommen würde und ich nicht vorbei könnte. Ich würde unschlüssig stehen bleiben, und der andere würde hupen, und ich stünde da, hilflos wie ein dummer Junge, wie damals in meinem Trabi. Und dann würde ein zweites Auto kommen und hupen. Und dann war mir immer wieder eingefallen, dass ich ja dringend etwas anderes zu erledigen hatte, und ich hatte den Schlüssel wieder rausgezogen und den Sitz wieder so eingestellt, wie er vorher war. Und zu Hause hatte ich den Autoschlüssel wieder an die gleiche Stelle gelegt, sodass ich niemandem darüber würde Auskunft geben müssen, dass ich im Auto gesessen und mich nicht getraut hatte, loszufahren.

EPILOG

«Greta?»
«Hm?»
«Kannst du vielleicht mal mit mir auf die Straße gehen und ausparken üben? Alleine traue ich mich nicht.»
«Darf ich dann nachher länger Vampire Diaries gucken?»
«Ja, darfst du ...»
«Und verlängerst du mir die Handyzeit für heute Abend?»
«Na gut.»
«Okay, gebongt!»

© Max Zerrahn

Tillmann Prüfer, geboren 1974, ist Stilchef und Mitglied der Chefredaktion des «ZEITmagazins», wo seit 2018 wöchentlich seine beliebte Kolumne «Prüfers Töchter» erscheint. Er lebt mit seiner Familie in Berlin.